HATJE
CANTZ

LOUISA CLEMENT

HATJE
CANTZ

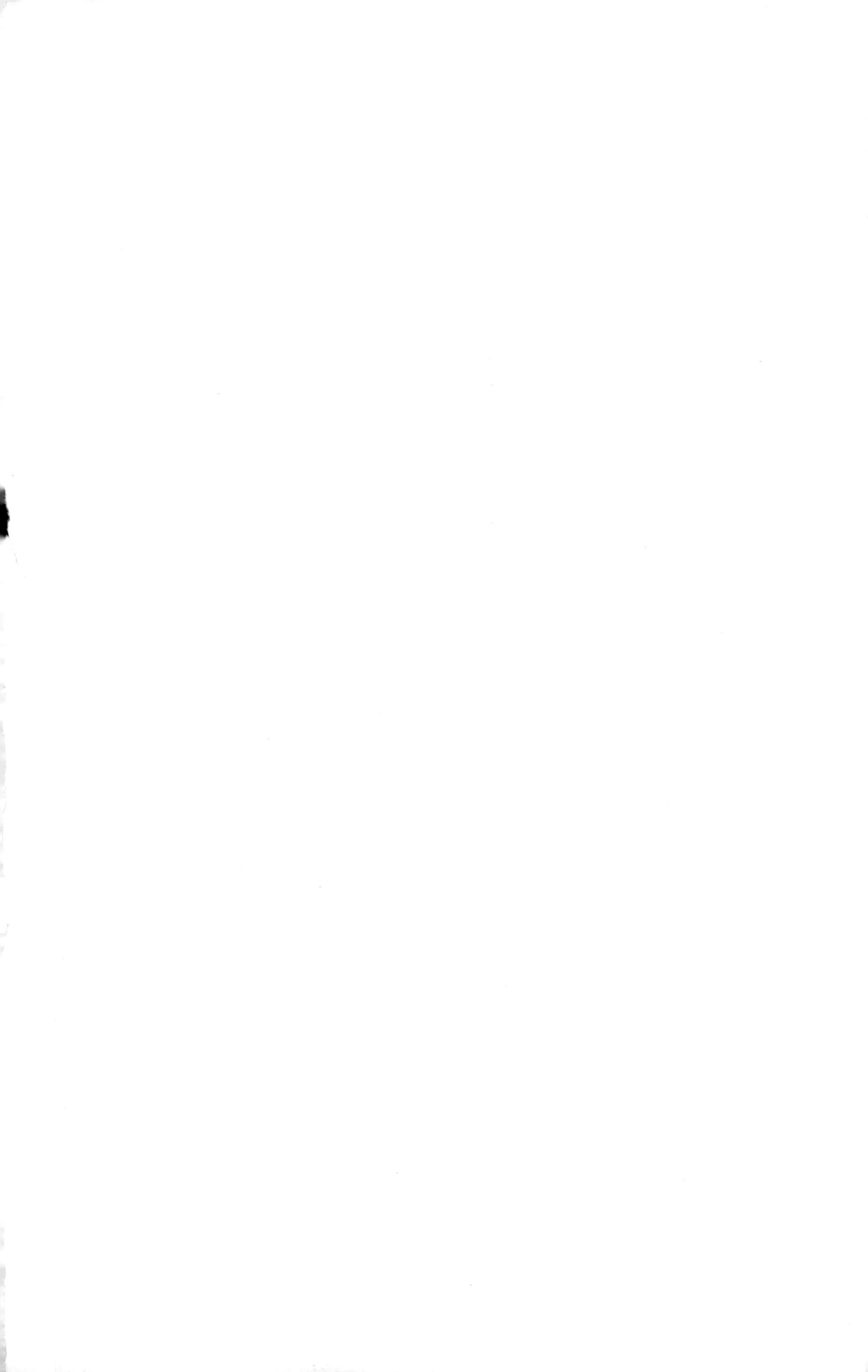

Louisa Clement:

Remote Control

Herausgeber / Editors:
Stefan Gronert, Andreas Beitin

Sprengel Museum Hannover
Ludwig Forum für Internationale Kunst Aachen

VORWORT

Reinhard Spieler

Sprengel Museum Hannover

Andreas Beitin

Ludwig Forum für Internationale Kunst Aachen

Die Fotografien, Videos, Installationen, Skulpturen und neuen Virtual-Reality-Arbeiten der Künstlerin Louisa Clement beschäftigen sich auf unterschiedlichsten Ebenen mit Körperlichkeit und mit Phänomenen des Gefühls einer psychischen Irritation in Zeiten politischer und gesellschaftlicher Umbrüche. Ihre vielfältigen Untersuchungen unterschiedlichster Displays der Gegenwart erweisen sich als ästhetisch verführerisch wie auch als abgründig: Was ist Mensch in einem digitalen Zeitalter, in dem auch die Integrität des Körpers durch vehemente Eingriffe der Medizin und Technik zunehmend infrage gestellt wird?

Es liegt auf der Hand, dass diese Kunst über ihre Ästhetik hinaus nicht zuletzt aufgrund der hochaktuellen Fragestellungen, die in dem Werk von Louisa Clement verhandelt werden, auch eine starke politische Dimension beinhaltet. Wenngleich die Fotografie durch ihre künstlerische Ausbildung oft den Vorzug vor anderen Medien erhält, erschließt sich Louisa Clement auch alternative Ausdrucksformen. Die verschiedenen Facetten ihres so entstandenen, vielschichtigen und aktuelle gesellschaftspolitische Diskurse bereichernden Werks werden in den drei Beiträgen dieses Buches ausgelotet.

Louisa Clement ist eine zwar noch junge, aber durchaus schon erfahrene Künstlerin, die auf diverse Einzel- und Gruppenausstellungen in renommierten Museen, Galerien und Ausstellungshäusern zurückblicken kann. Diese vom Sprengel Museum Hannover in Kooperation mit dem Ludwig Forum für Internationale Kunst Aachen initiierte Präsentation ist jedoch ihre erste museale Überblicksausstellung. Wir danken an dieser Stelle zunächst den Leihgebern und Unterstützern der Ausstellung, namentlich der Galerie Wentrup, Berlin, Acute Art für die Kooperation bei der Realisierung der Virtual-Reality-Arbeiten und der Firma Ströer für die Umsetzung von portrait im öffentlichen Raum. Ganz herzlich sei auch den Autoren des vorliegenden Buches gedankt. Gleiches gilt für Stefan Gronert, der die Initiative zu diesem Projekt ergriffen hat. Auch den Kolleginnen und Kollegen, Registraren, Restauratorinnen und Restauratoren sowie den Presse- und Aufbauteams in unseren beiden Häusern sei sehr gedankt, dass sie diese erste Museumsausstellung der Künstlerin in gewohnt souveräner Weise umgesetzt und betreut haben. Nicht zuletzt danken wir den Grafikerinnen Saskia Höfler-Hohengarten und Nora Cristea von preggnant agency für die wunderbare Gestaltung des Buches. Vor allem aber danken wir Louisa Clement für ihr enormes Engagement und die äußerst angenehme wie professionelle Zusammenarbeit.

FOREWORD

Reinhard Spieler

Sprengel Museum Hannover

Andreas Beitin

Ludwig Forum for International Art Aachen

Louisa Clement's photographs, videos, installations, sculptures, and virtual reality works are concerned on so many different levels with physicality and with phenomena involving a sense of psychic inflammation in times of political and social upheaval. Her manifold investigations of a variety of displays of the present turn out to be aesthetically beguiling and at the same time unfathomable. What is Man in a digital age: an age in which the integrity of the body is increasingly challenged by the forceful interventions of medicine and technology?

Clearly this art, over and above its aesthetic aspect, also has a strong political dimension, not least because of the highly topical issues that Louisa Clement's work addresses. Although, as a consequence of her art education, photography is the medium she has principally used, Louisa Clement also taps into alternative means of expression. The diverse facets of her resulting work, a multilayered contribution to the sociopolitical dialogue of our time, are explored in the three essays contained in this book.

Louisa Clement is indeed a young artist, albeit already an experienced one who can look back on a range of solo and group shows in well-known museums, galleries, and exhibition venues. However, the current show, initiated by the Sprengel Museum, Hannover, in cooperation with the Ludwig Forum for International Art Aachen, is her first museum-based survey exhibition.

We wish to thank first of all the exhibition's lenders and backers: Galerie Wentrup, Berlin; Acute Art for the realization of the virtual reality work; and the Ströer company for transferring portrait into the public domain. We are most grateful also to the authors of this volume, and the same goes for Stefan Gronert, who as curator at the Sprengel Museum took the initiative of this project and quickly found a like-minded partner in the Ludwig Forum Aachen. Wholehearted thanks are also extended to colleagues, registrars, and restorers, as well as to the press and installation teams of both our institutions, for realizing and setting up this first museum-based exhibition of the artist's work with their customary mastery. Not at least, our thanks go to Saskia Höfler-Hohengarten and Nora Cristea of preggnant agency for the wonderful design of this book. Above all, though, we thank Louisa Clement for her huge engagement and a collaborative relationship that has been both extremely agreeable and most professional.

2014—2015

heads

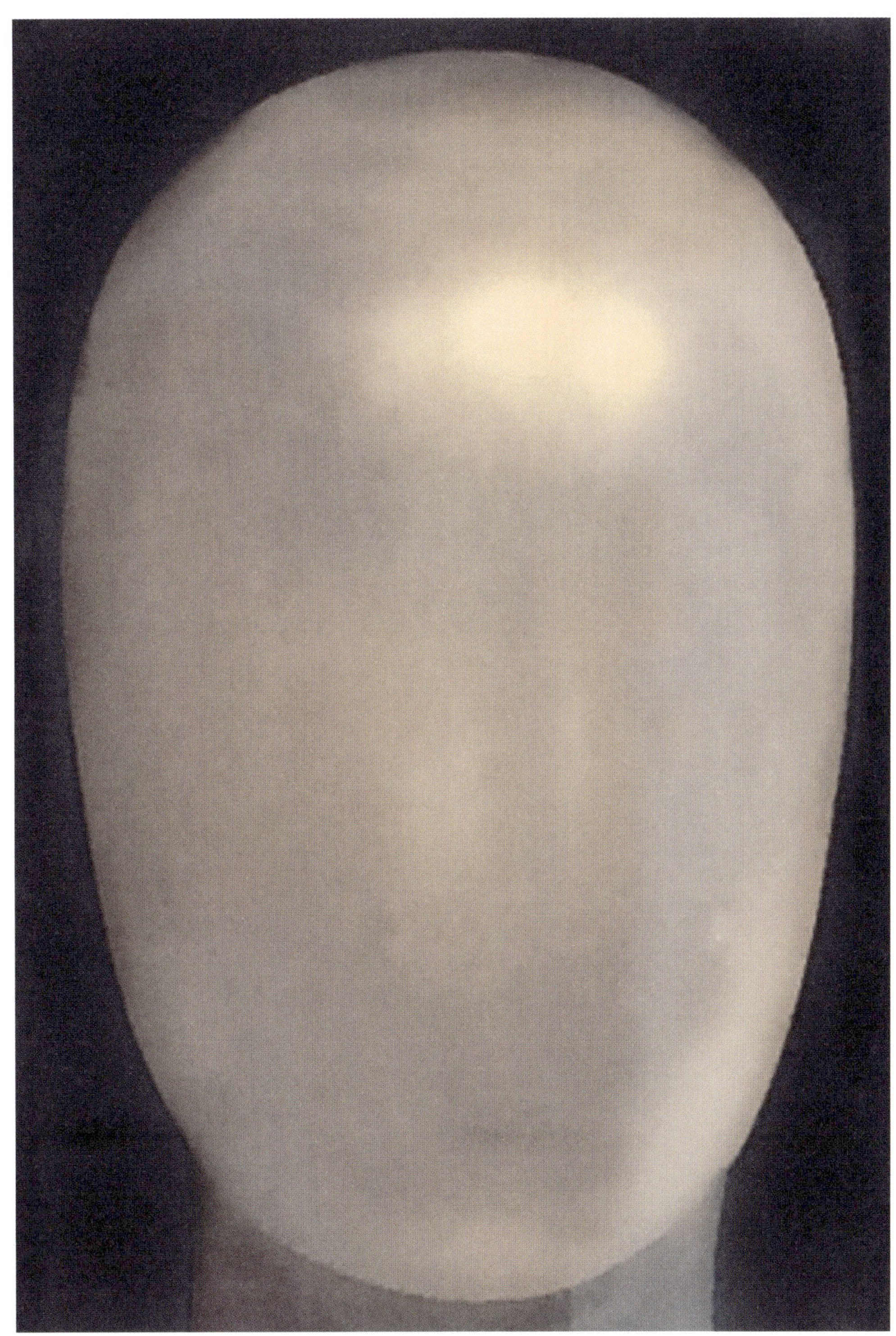

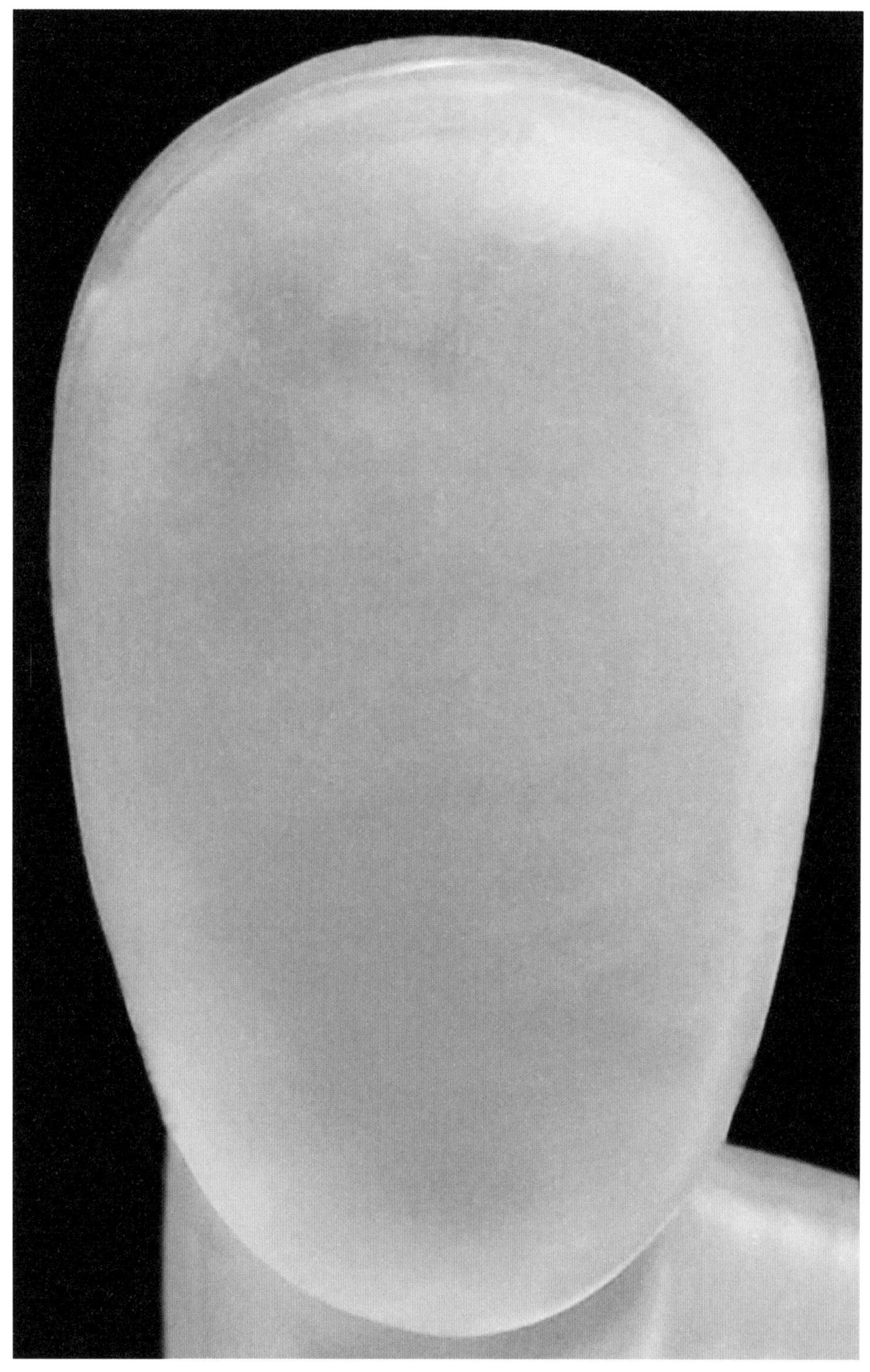

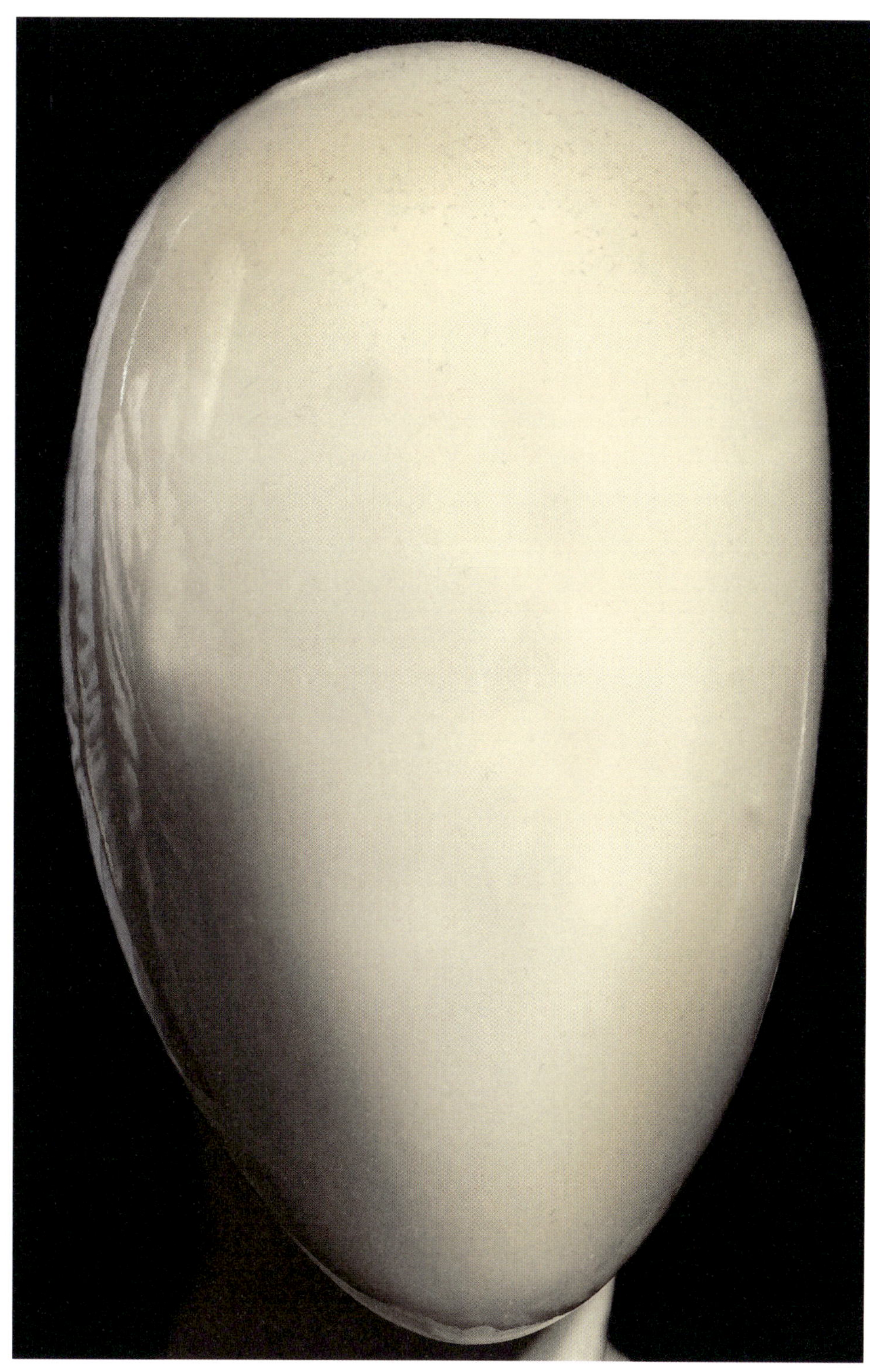

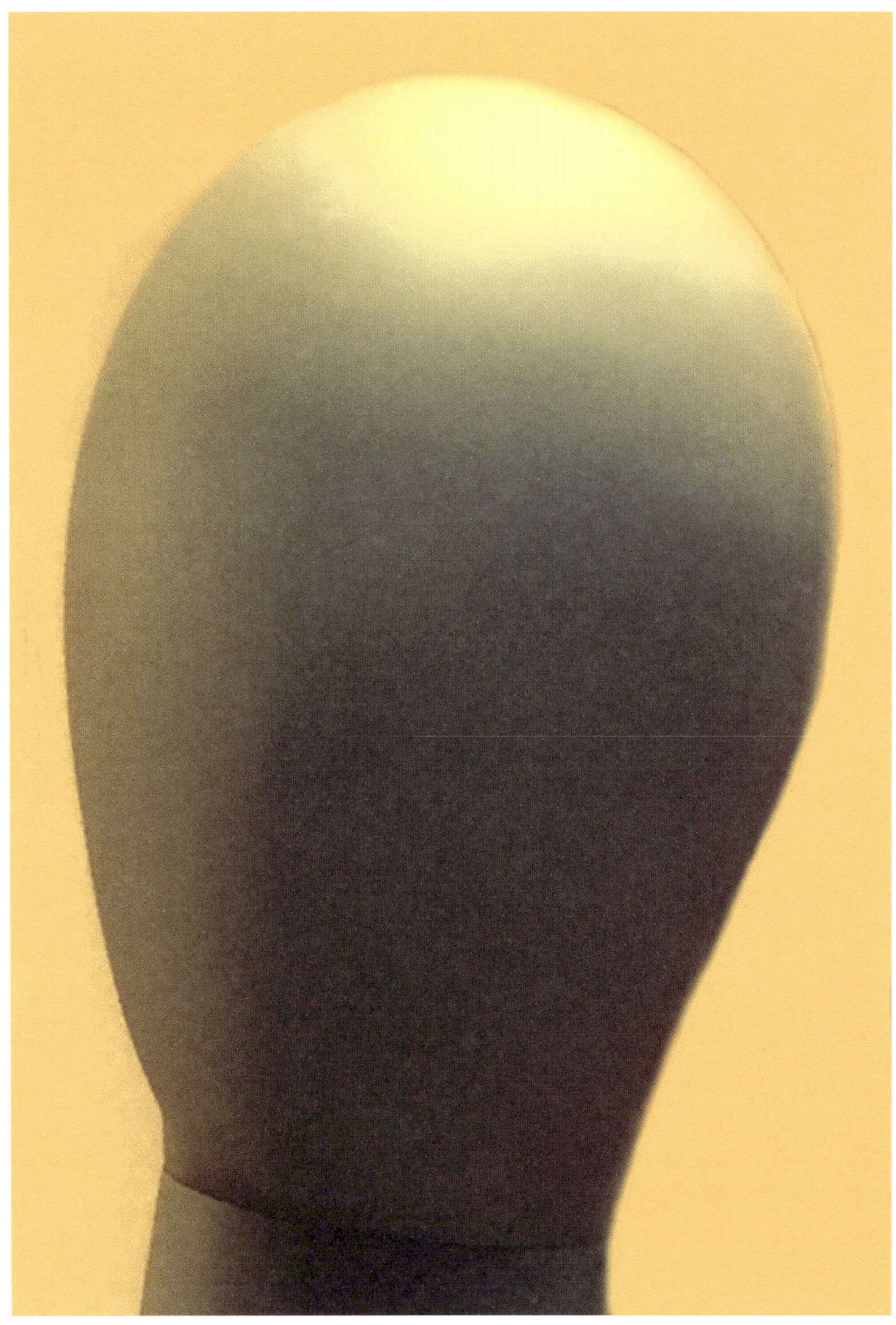

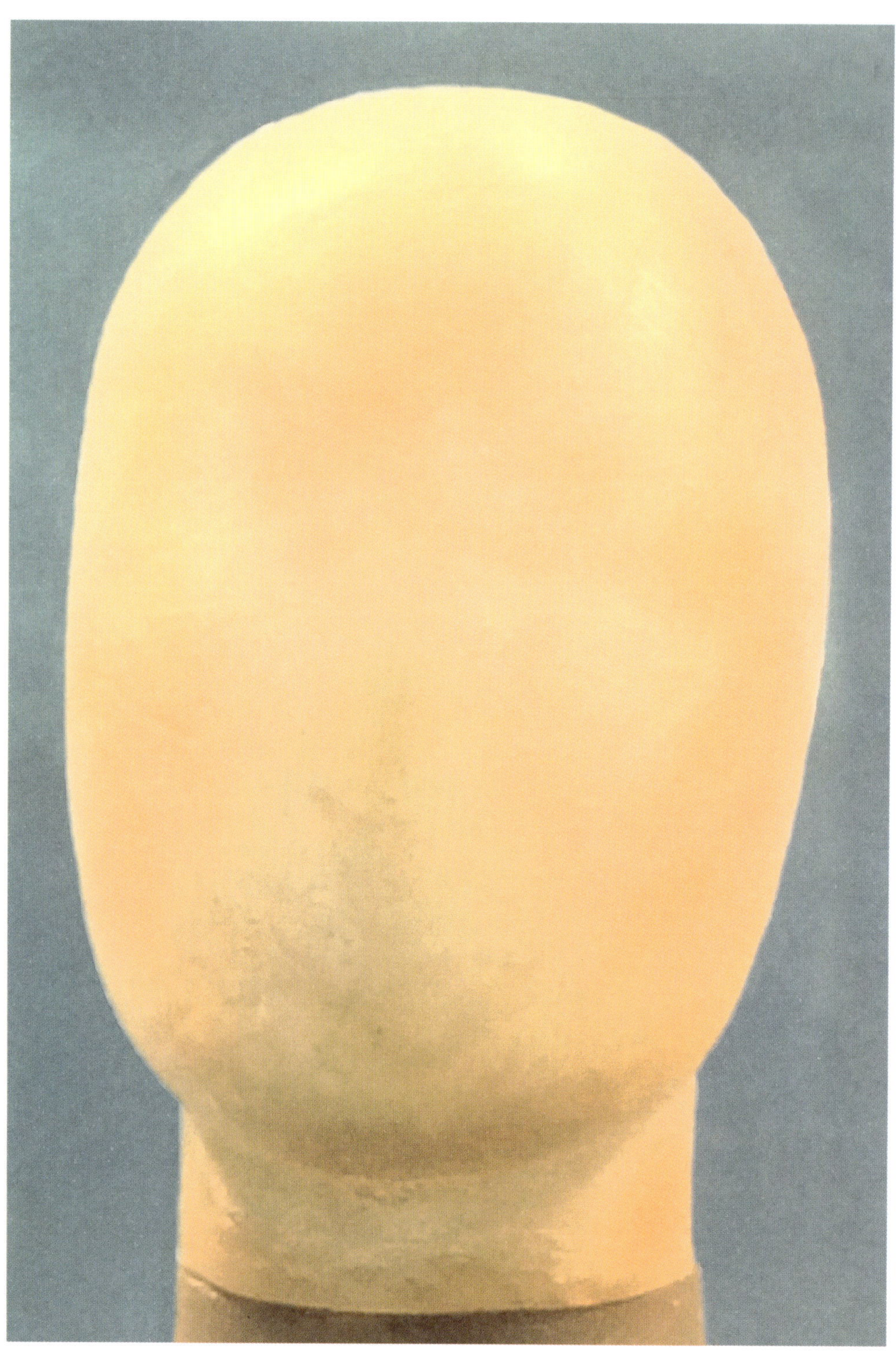

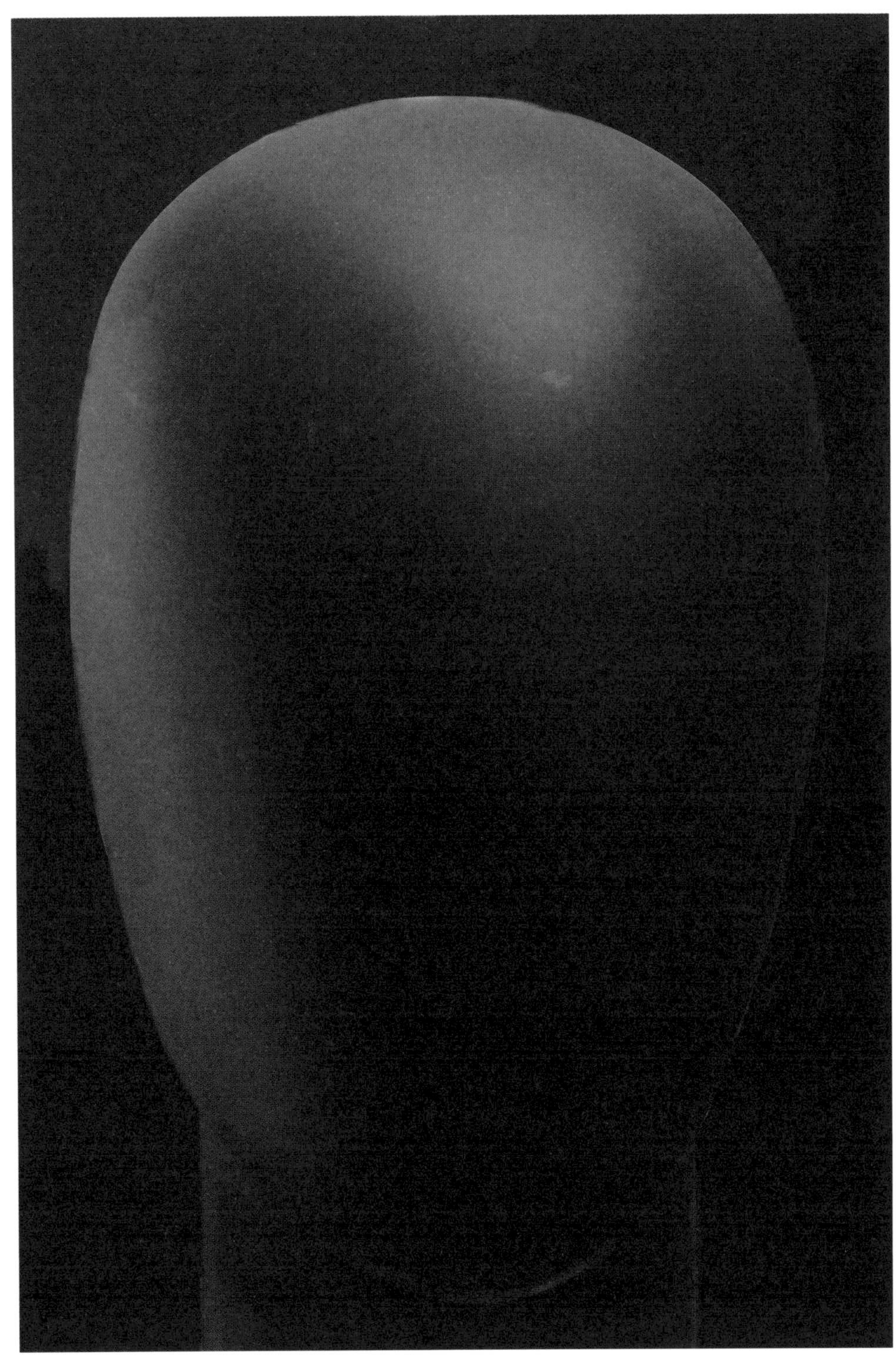

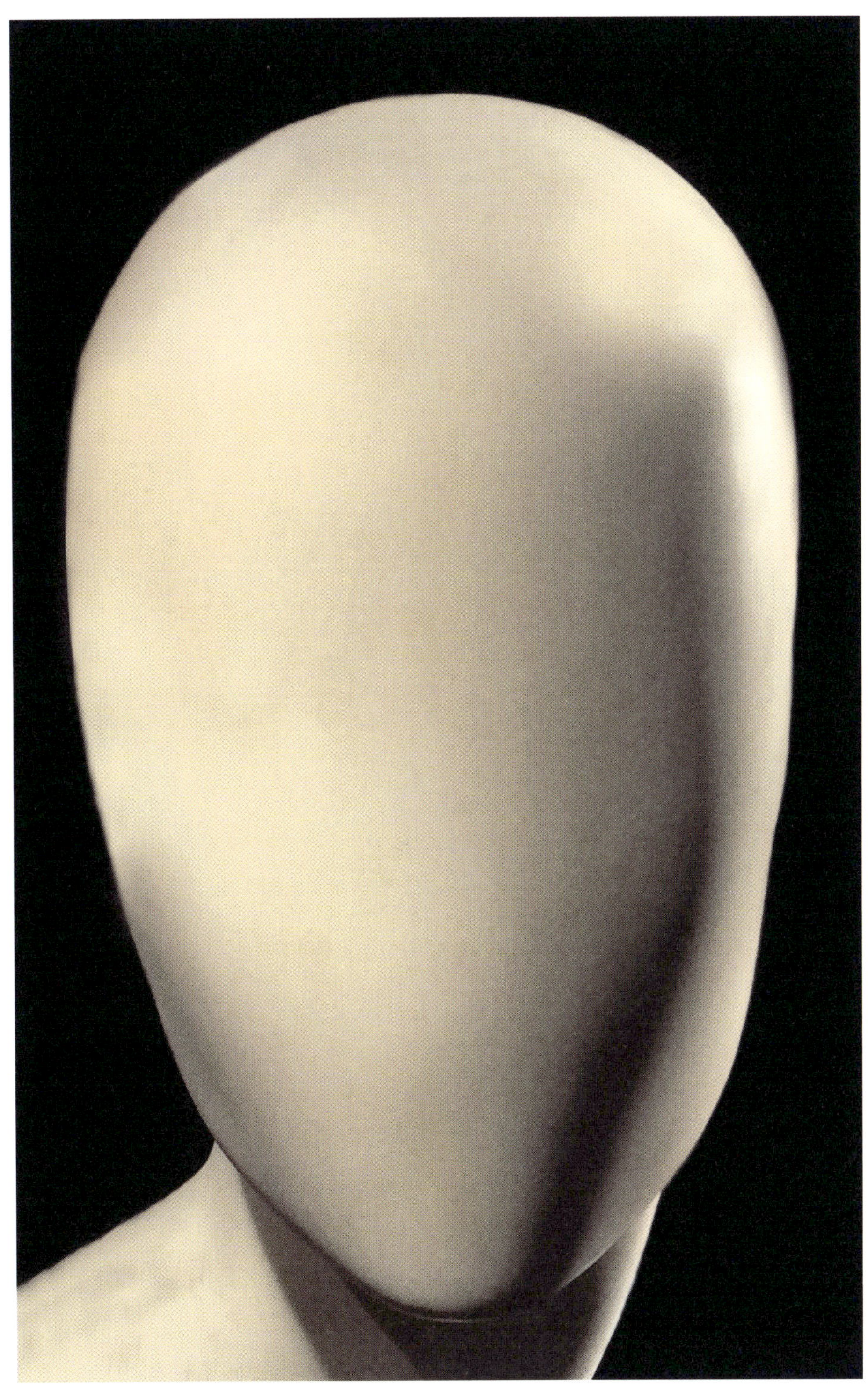

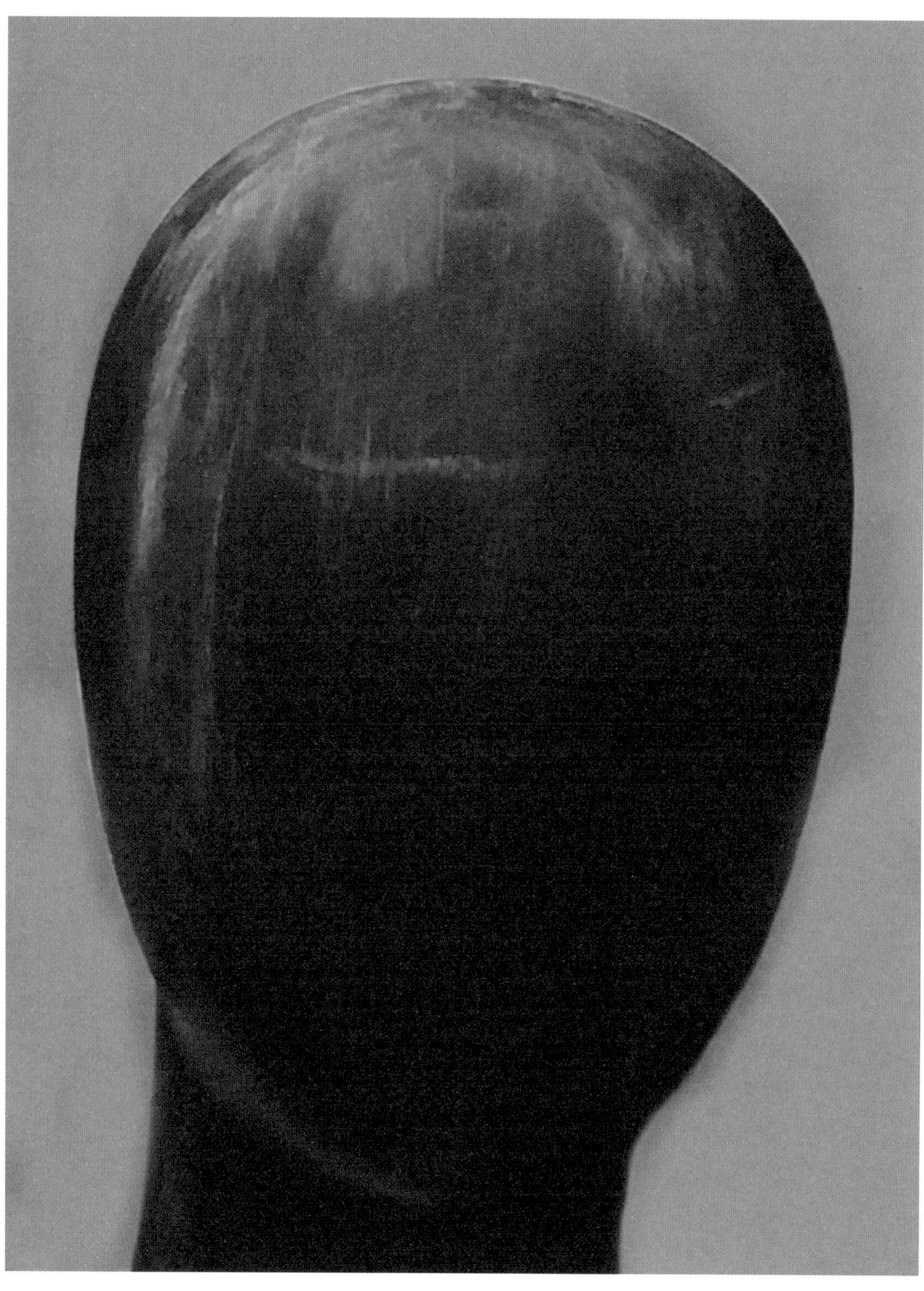

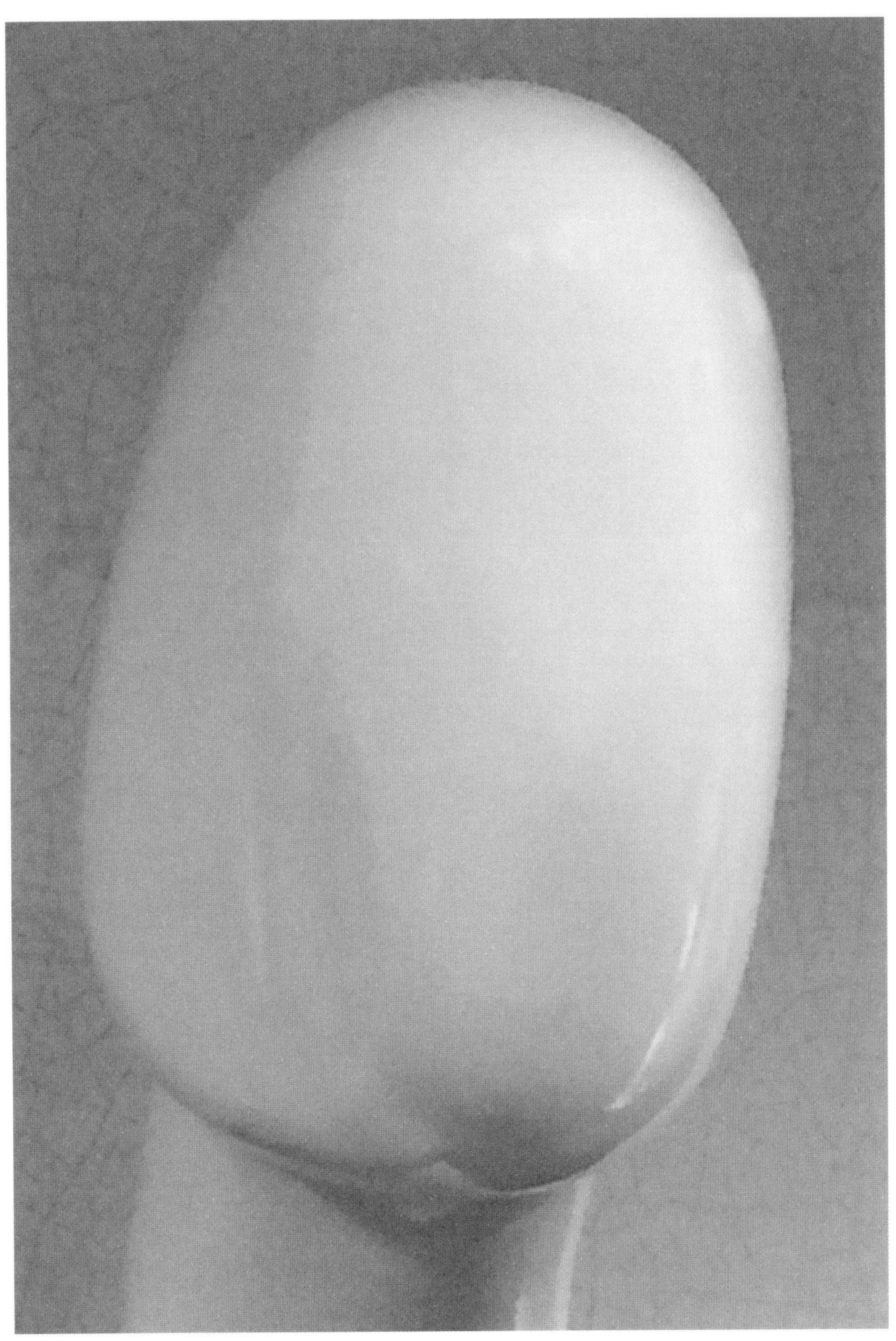

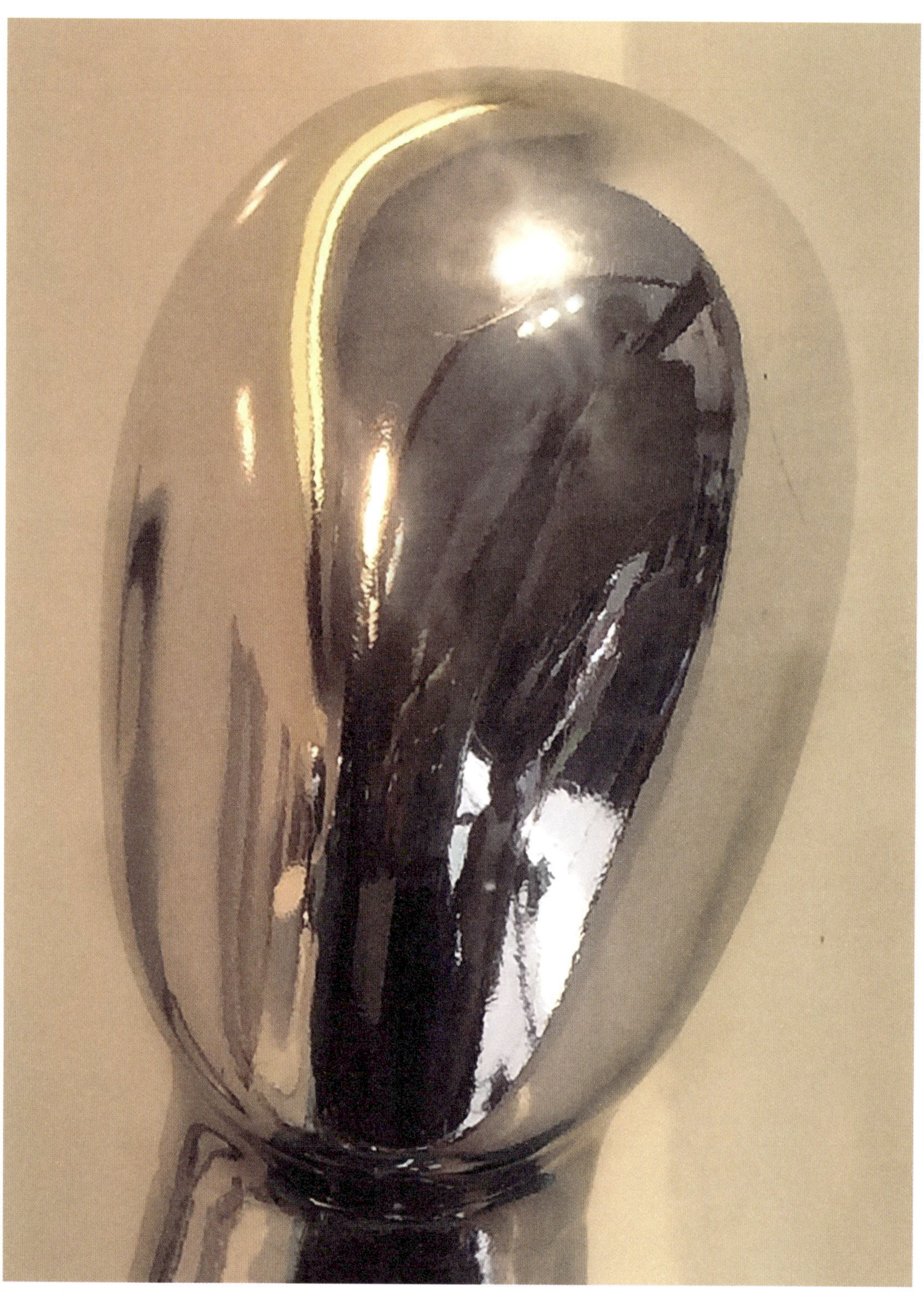

2017

Gliedermensch

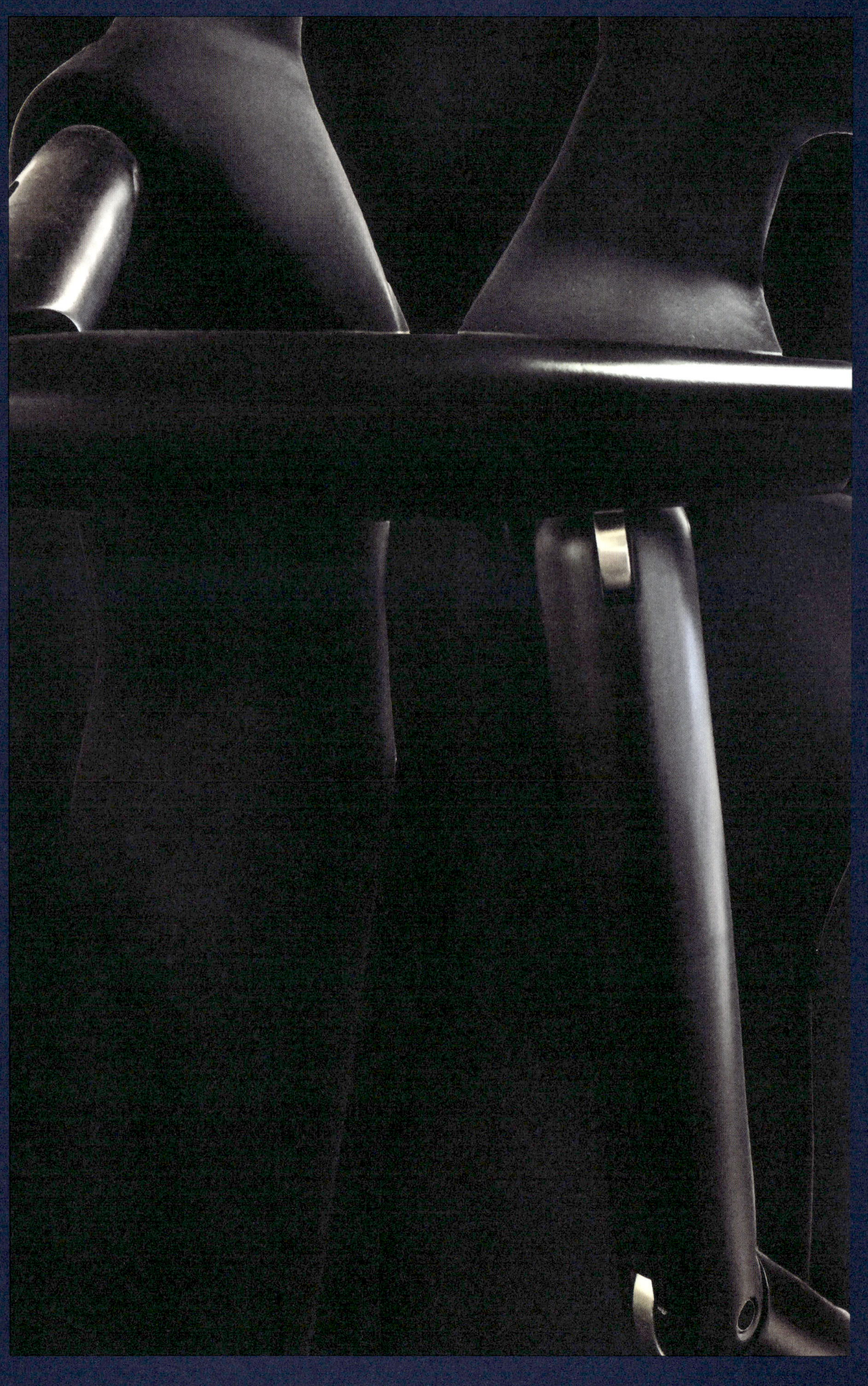

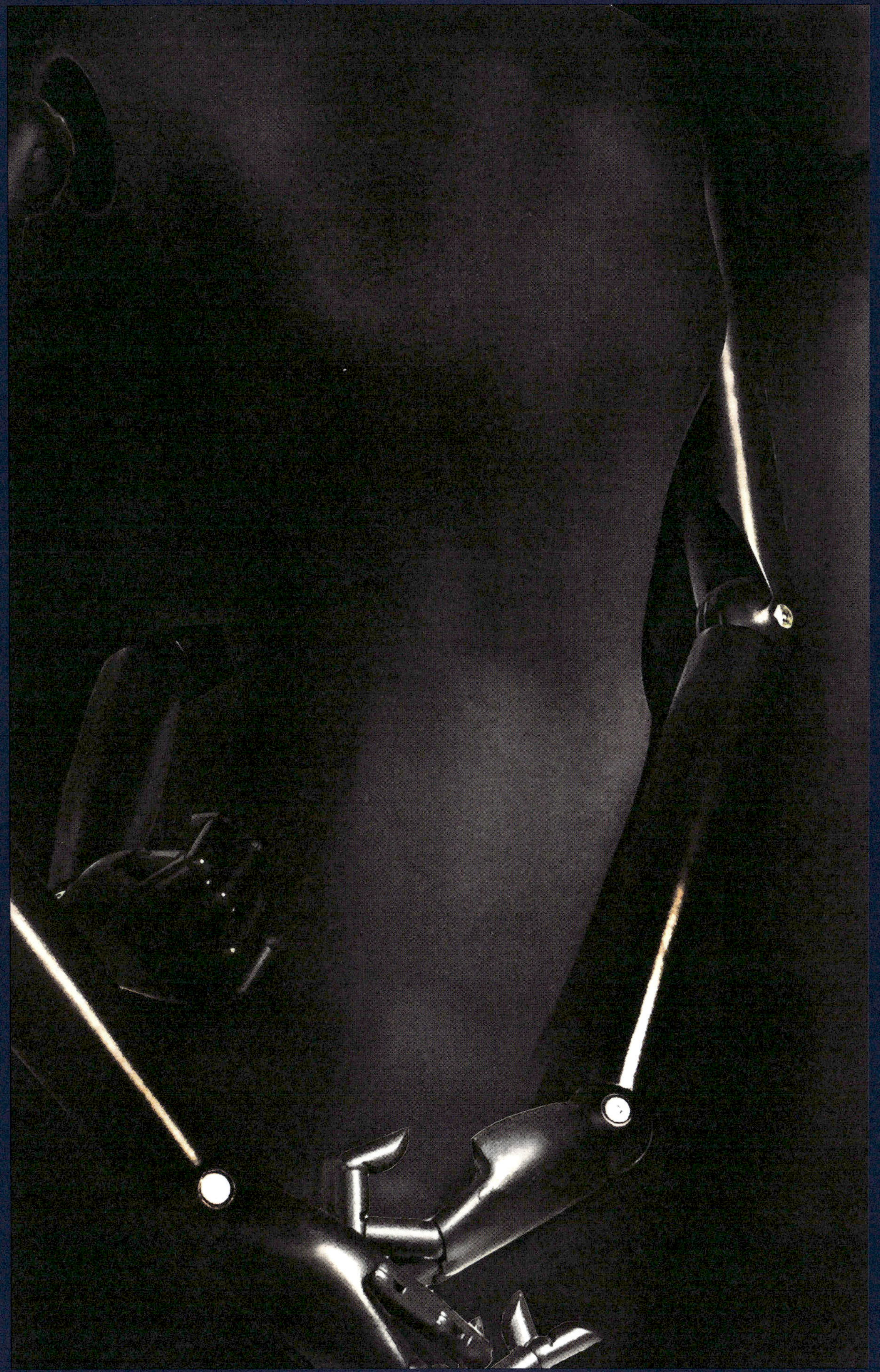

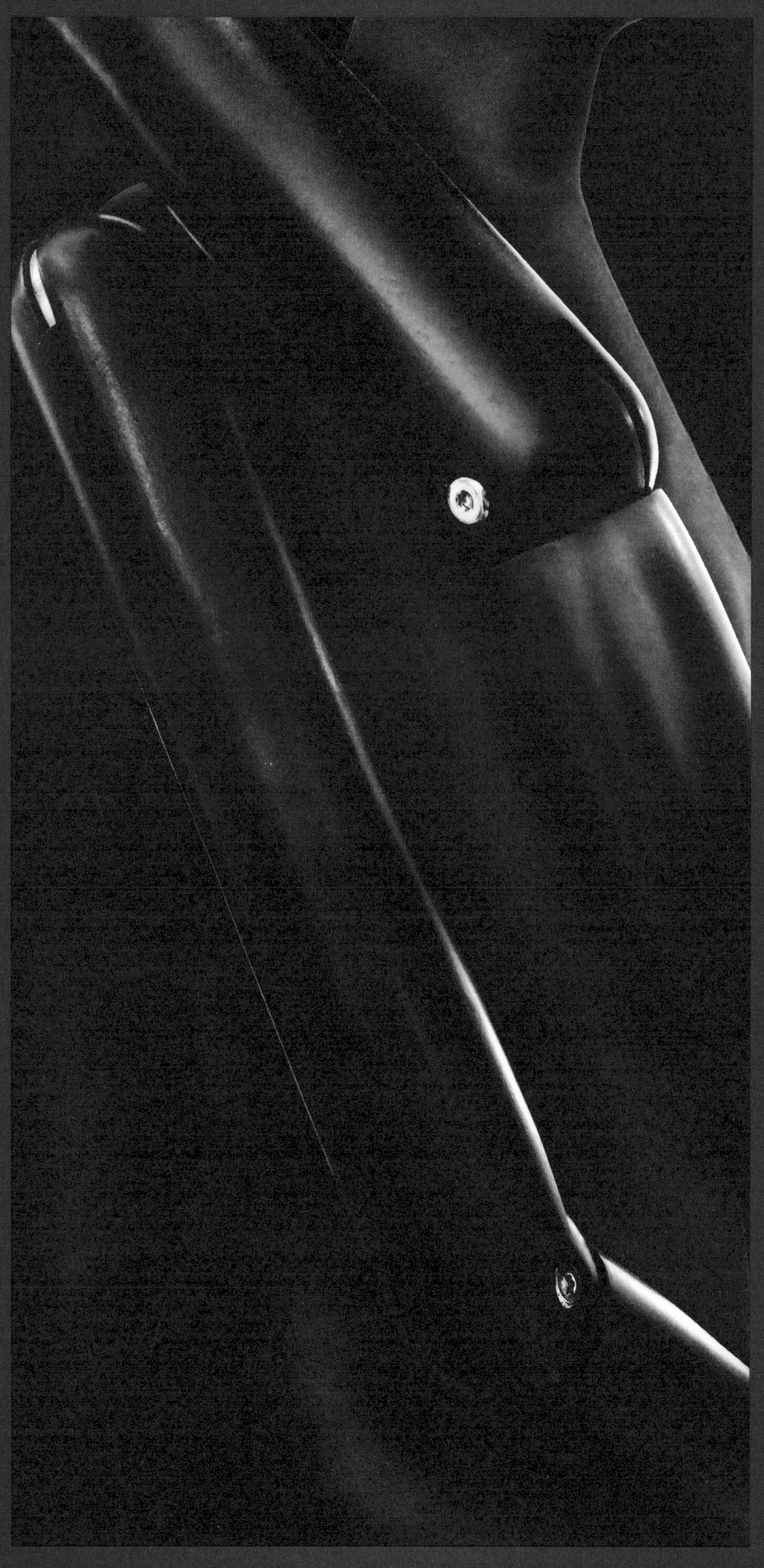

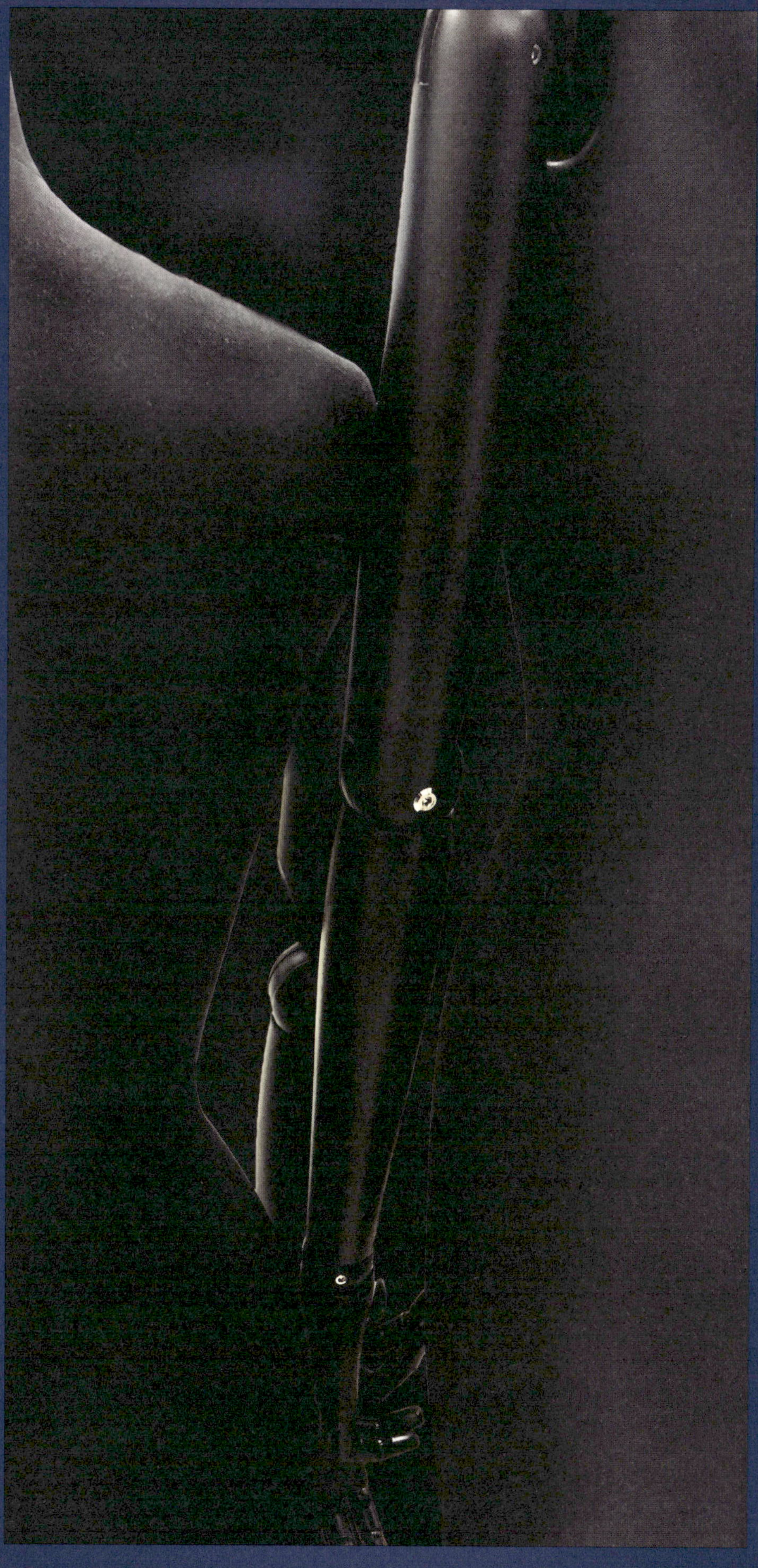

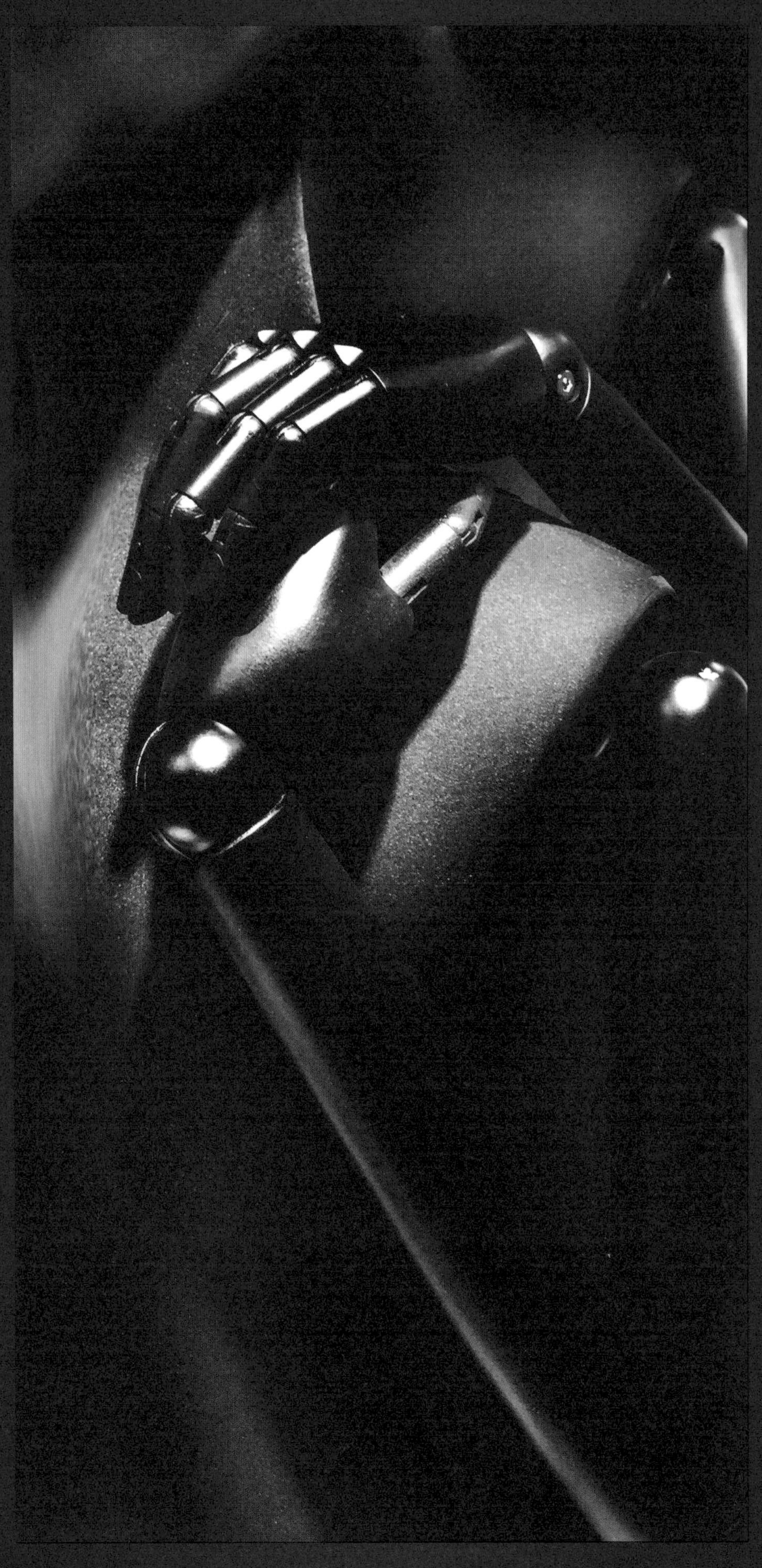

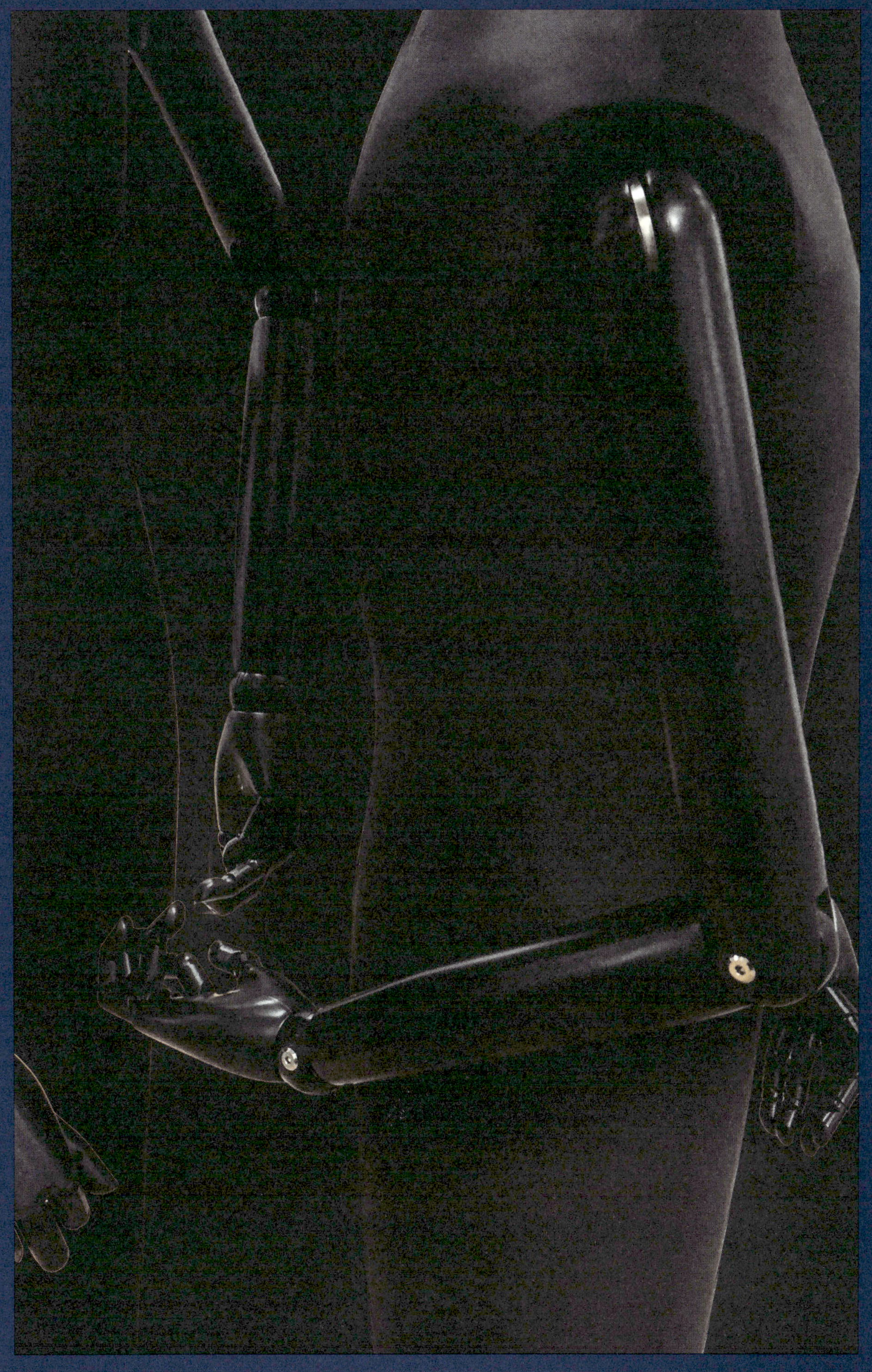

2017

not lost

in you

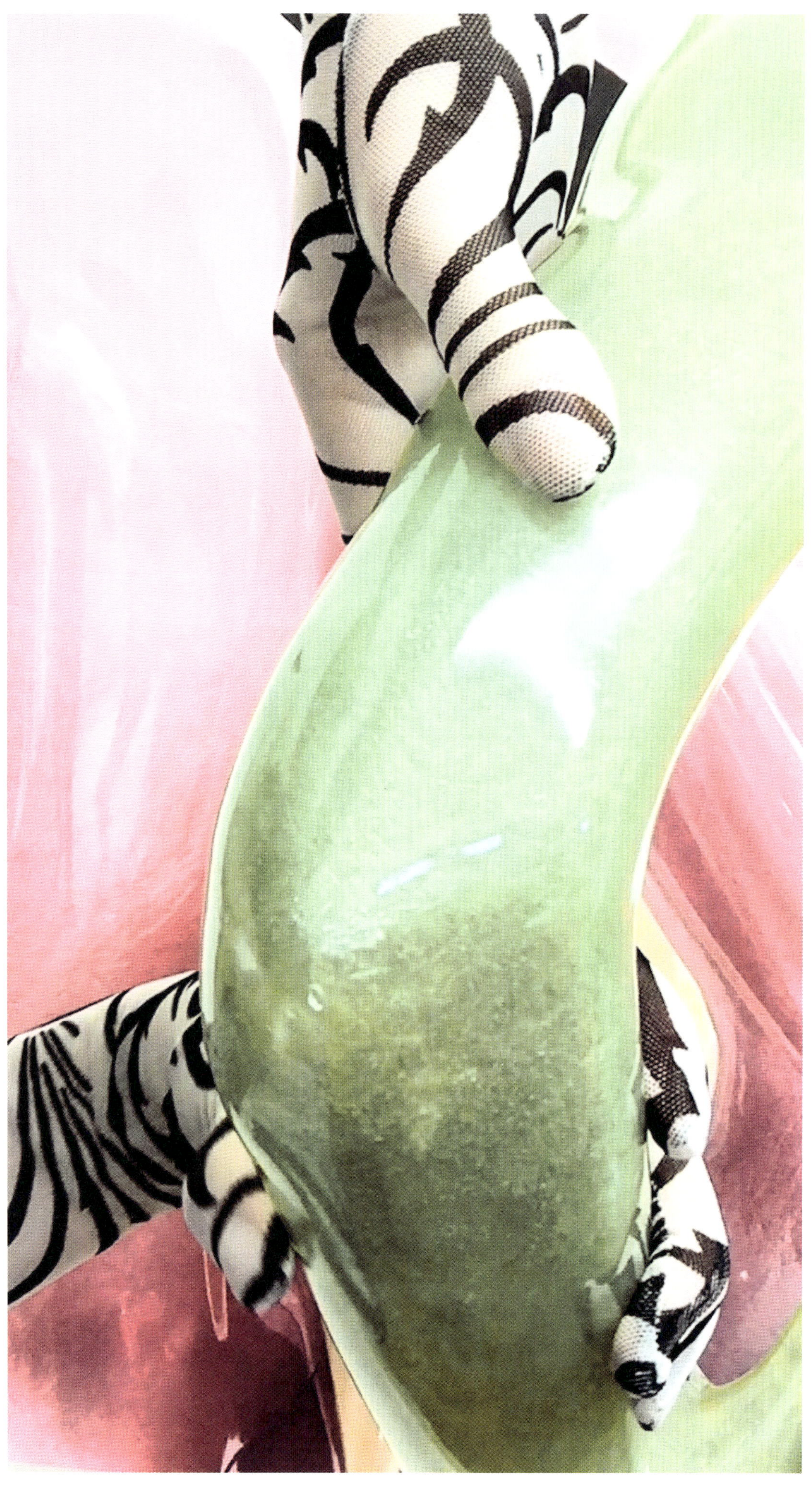

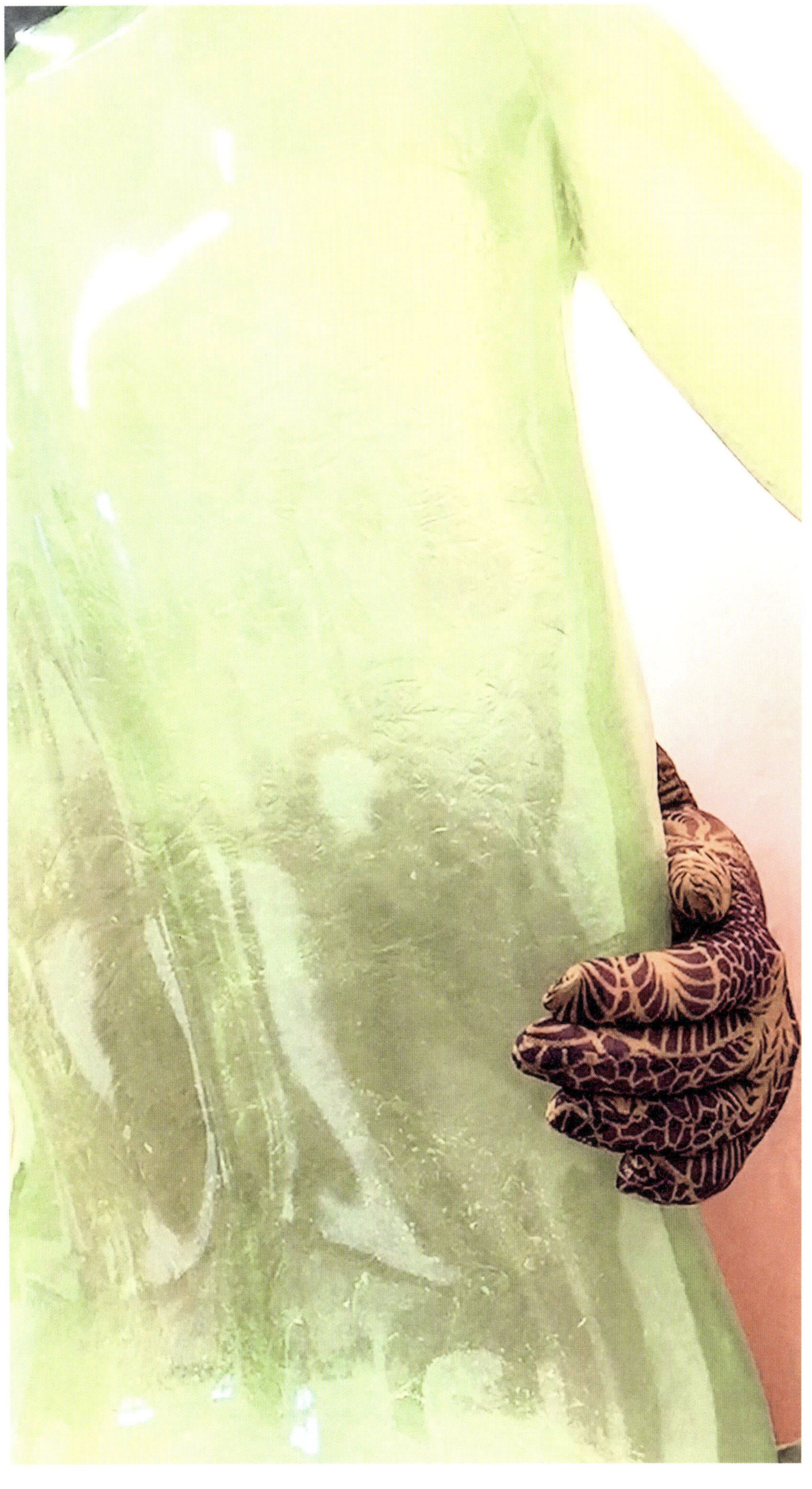

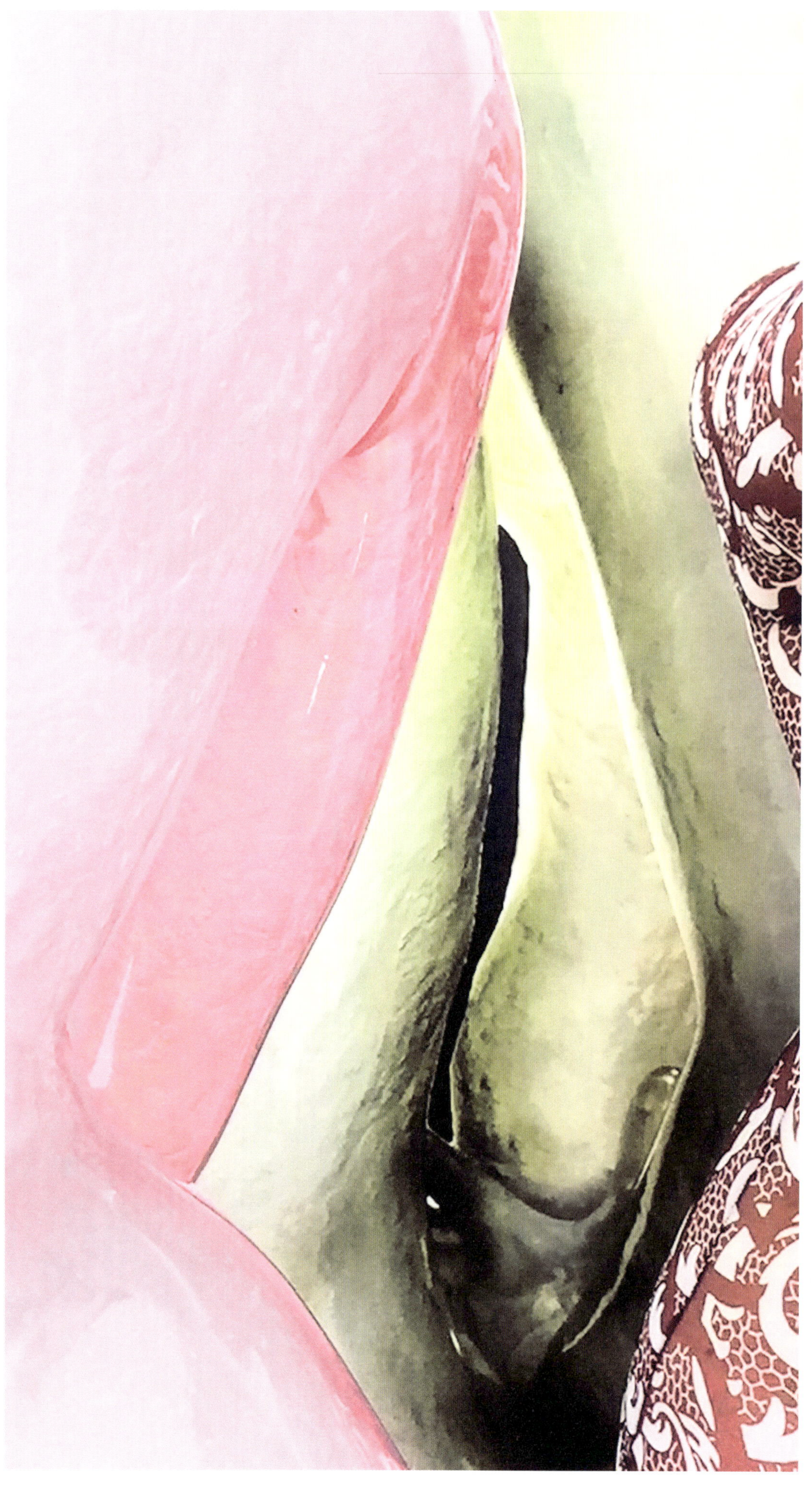

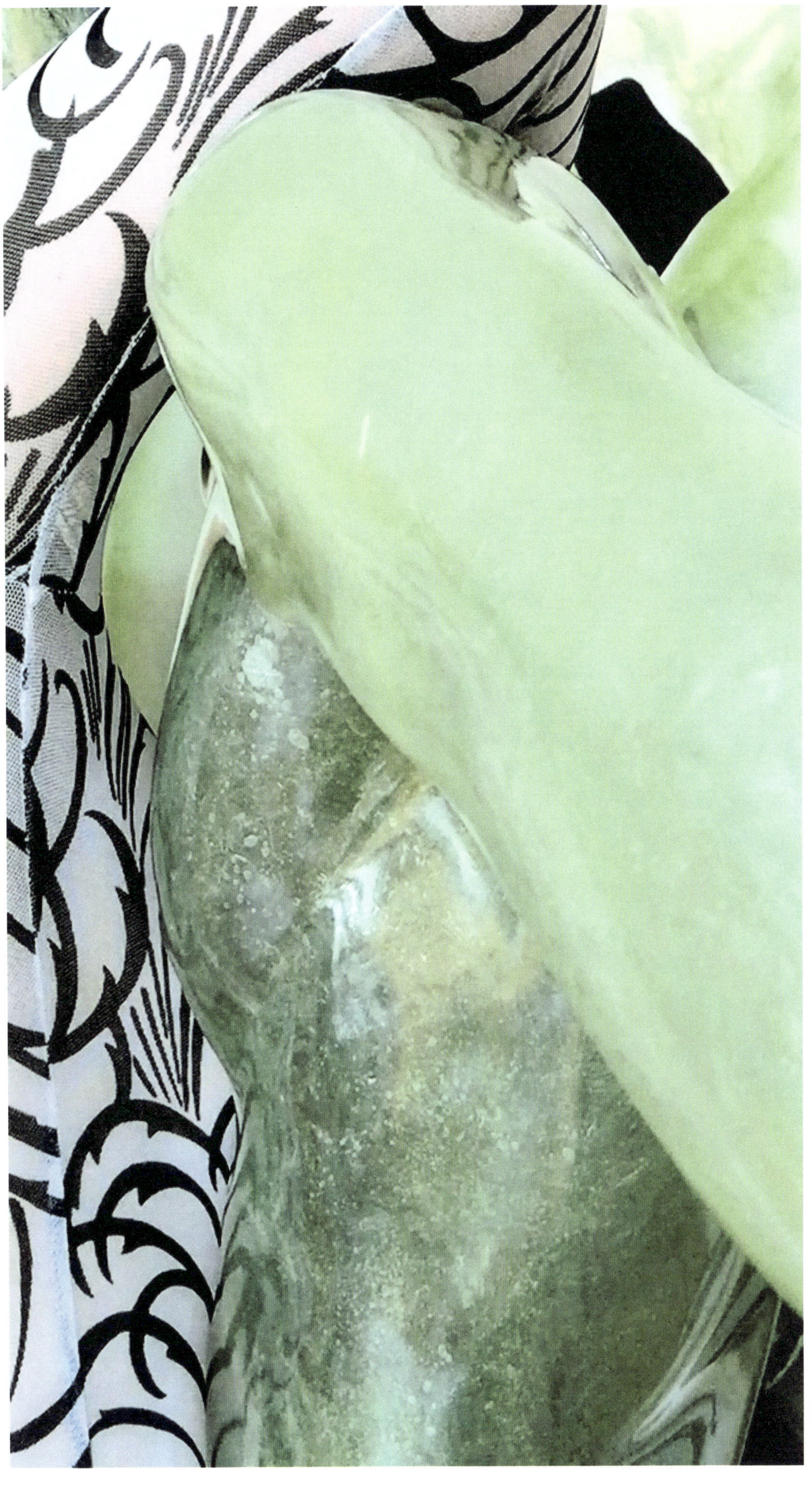

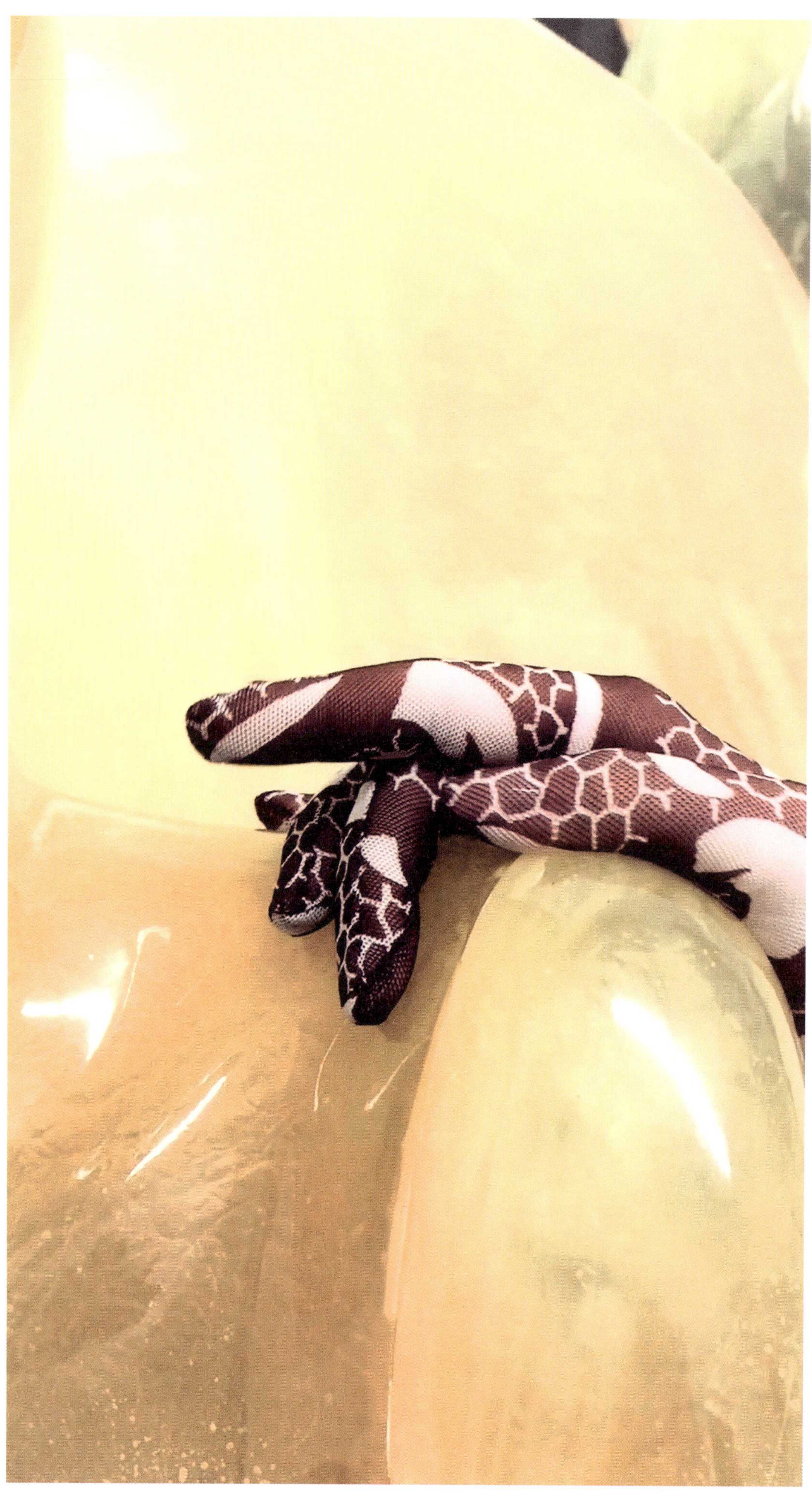

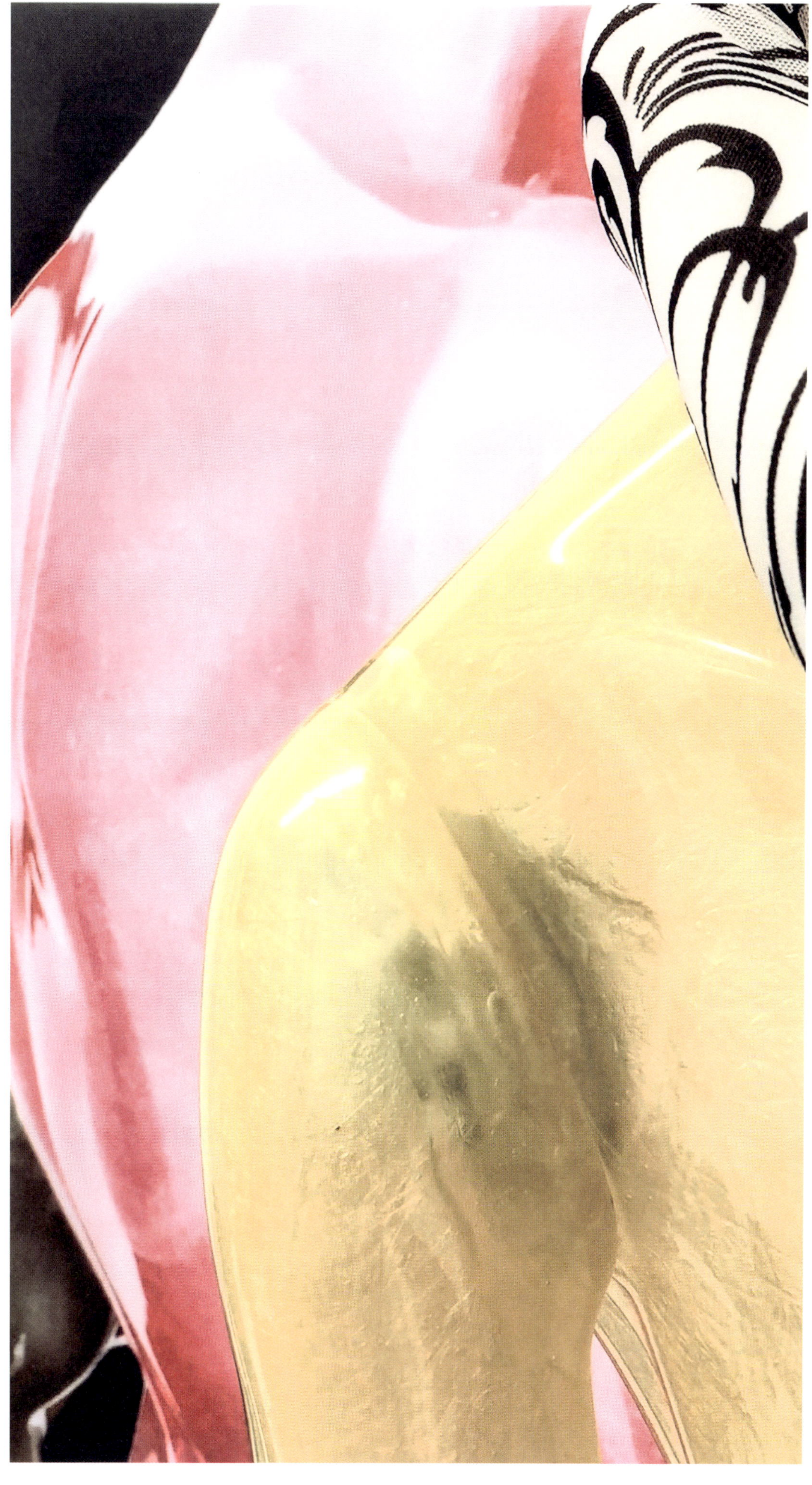

2016

Avatar

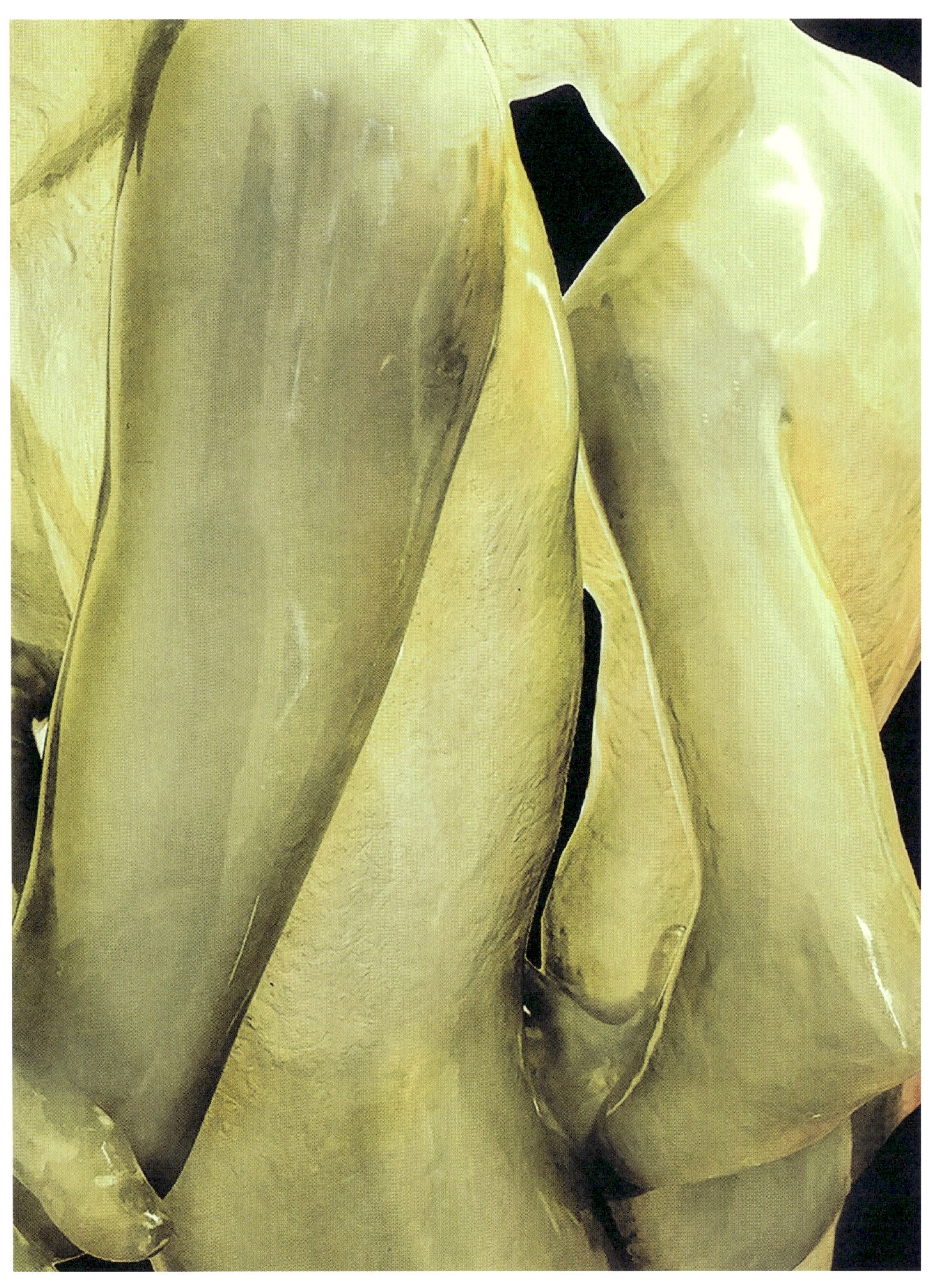

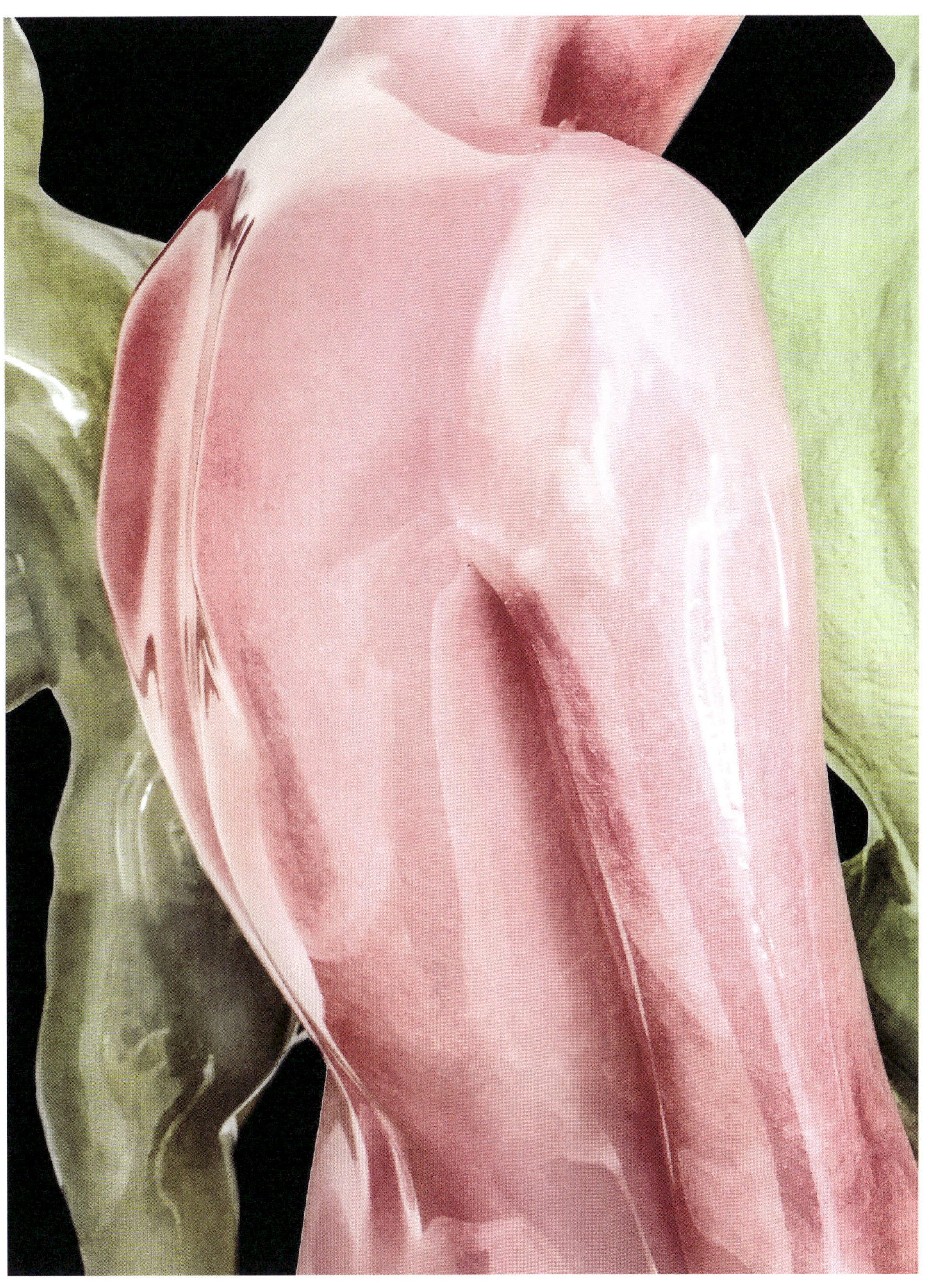

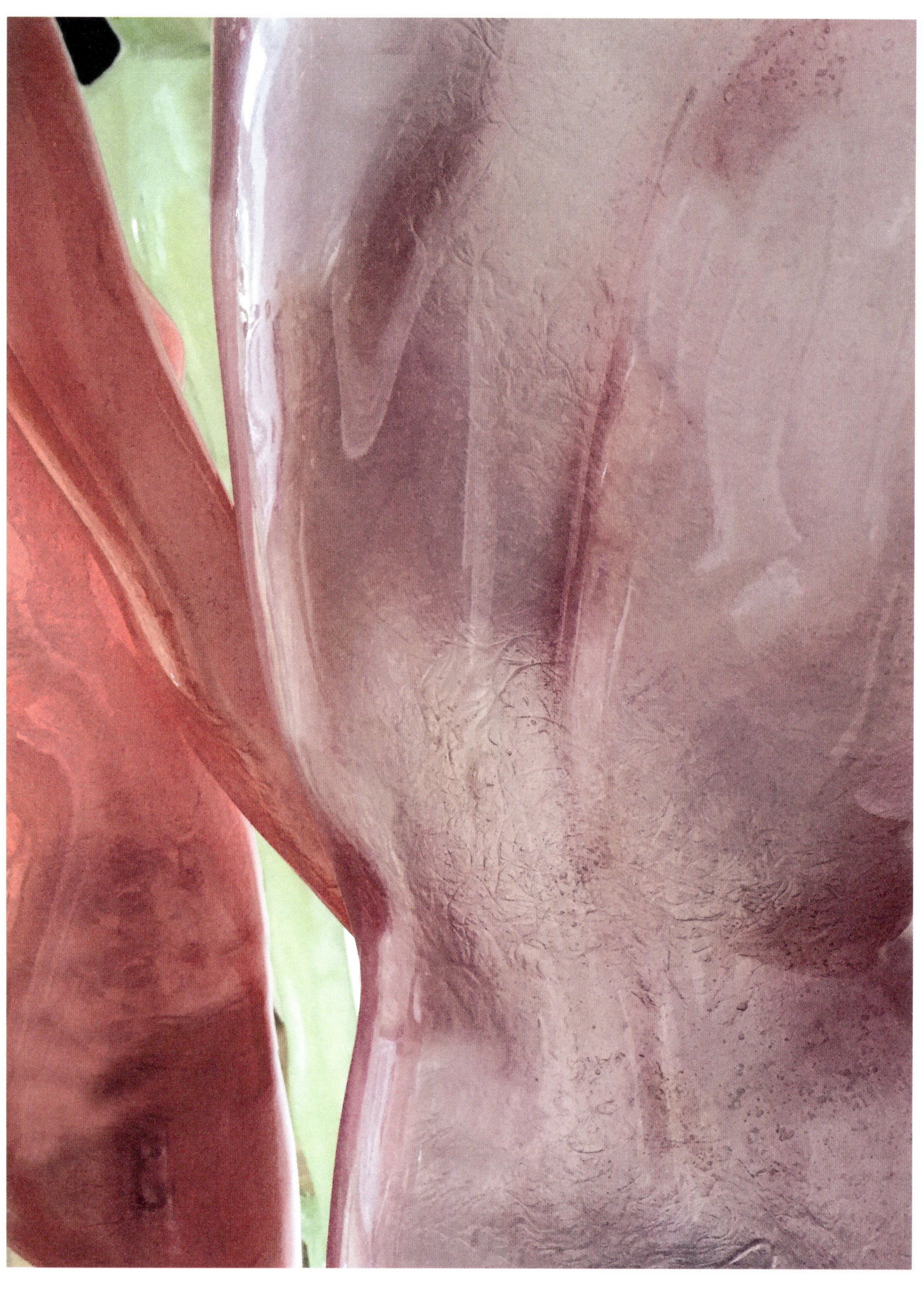

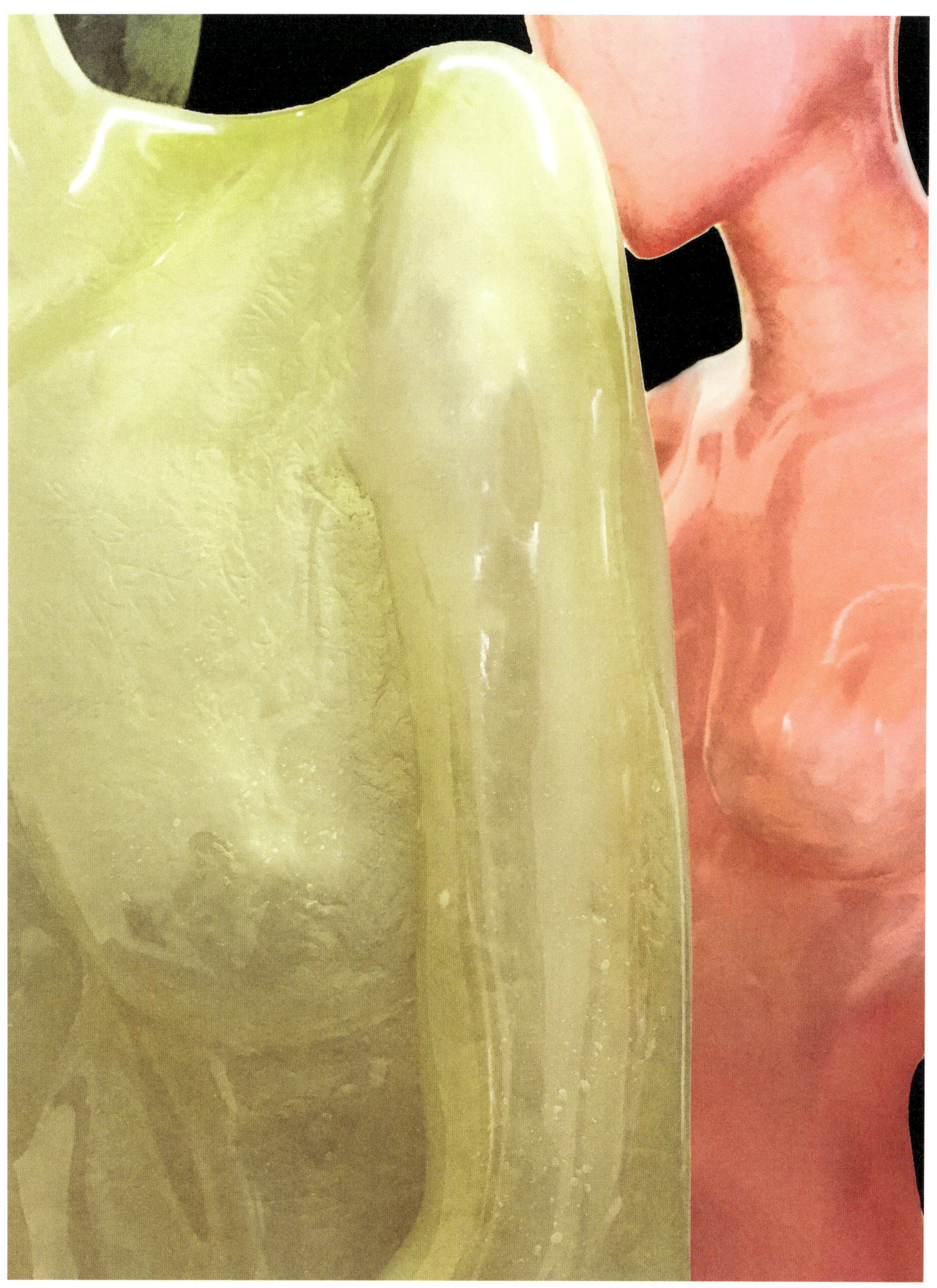

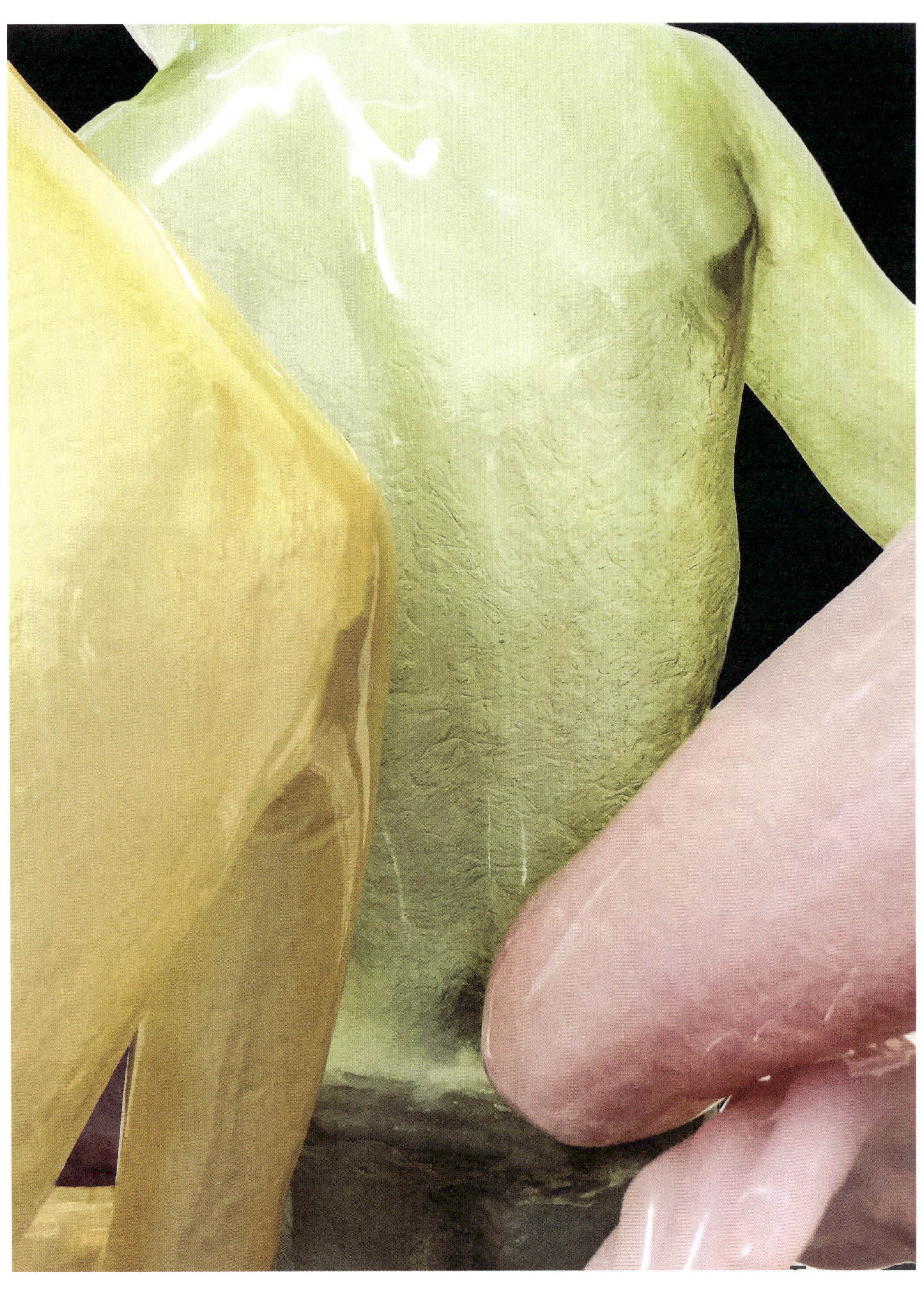

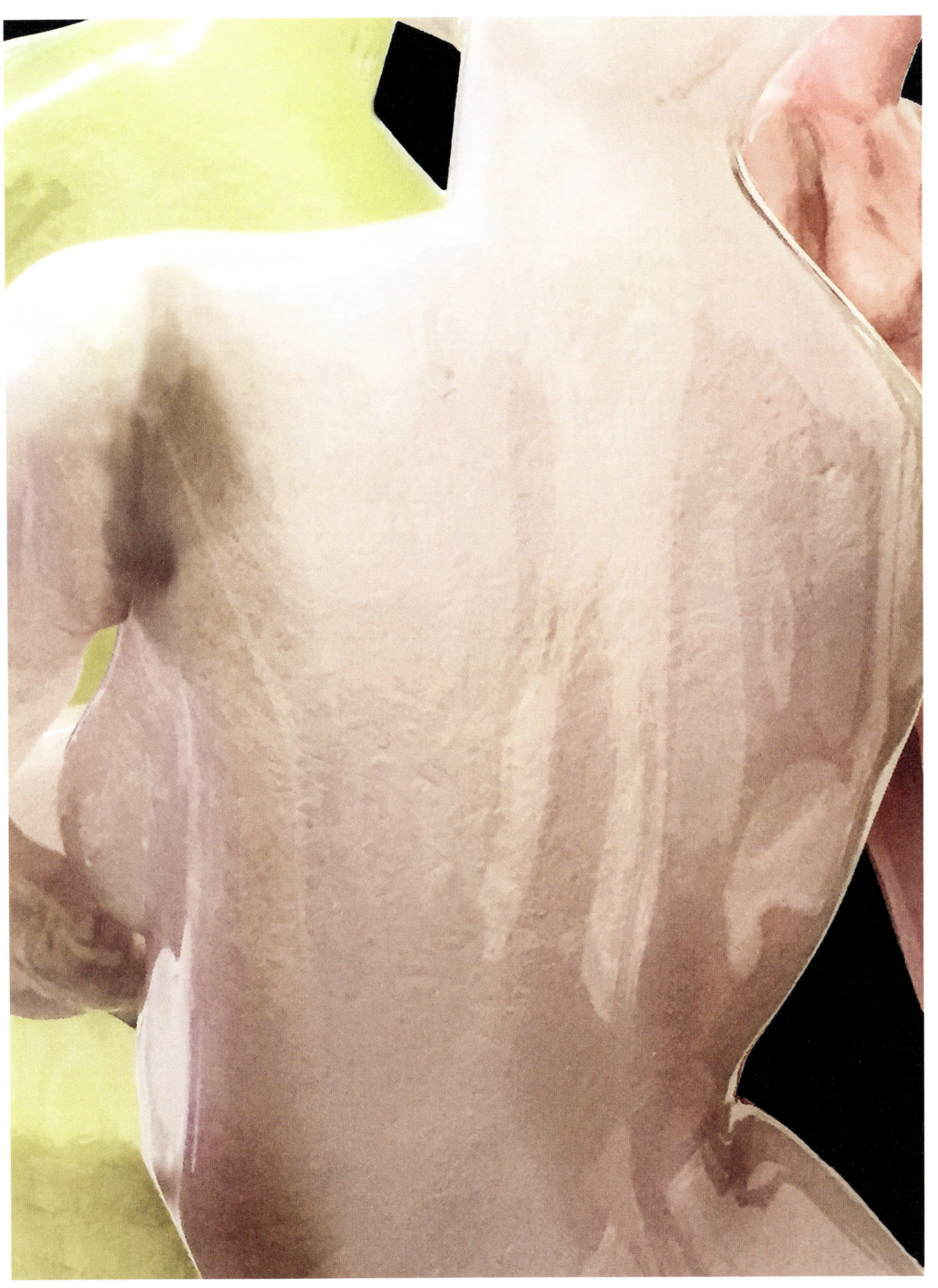

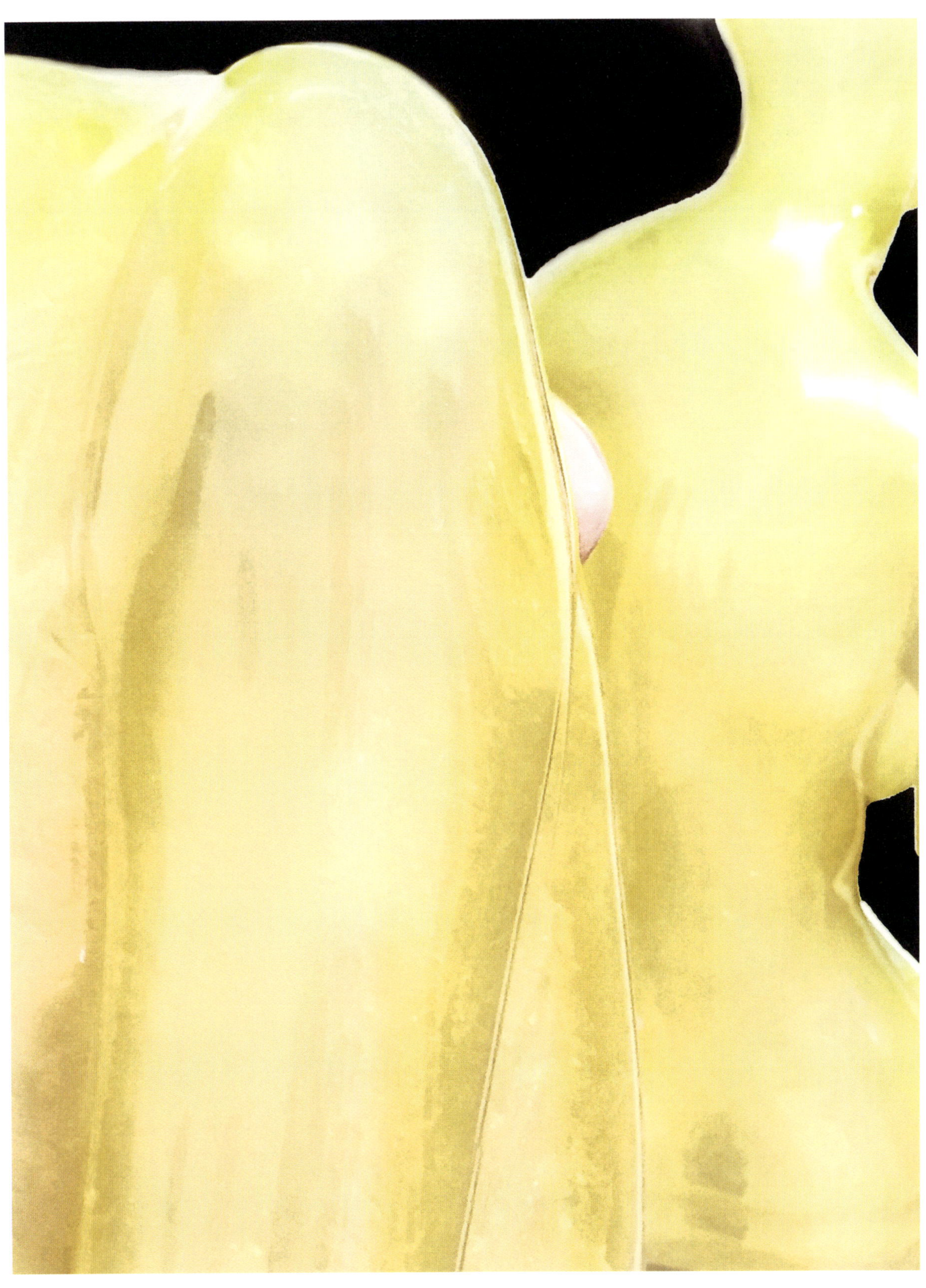

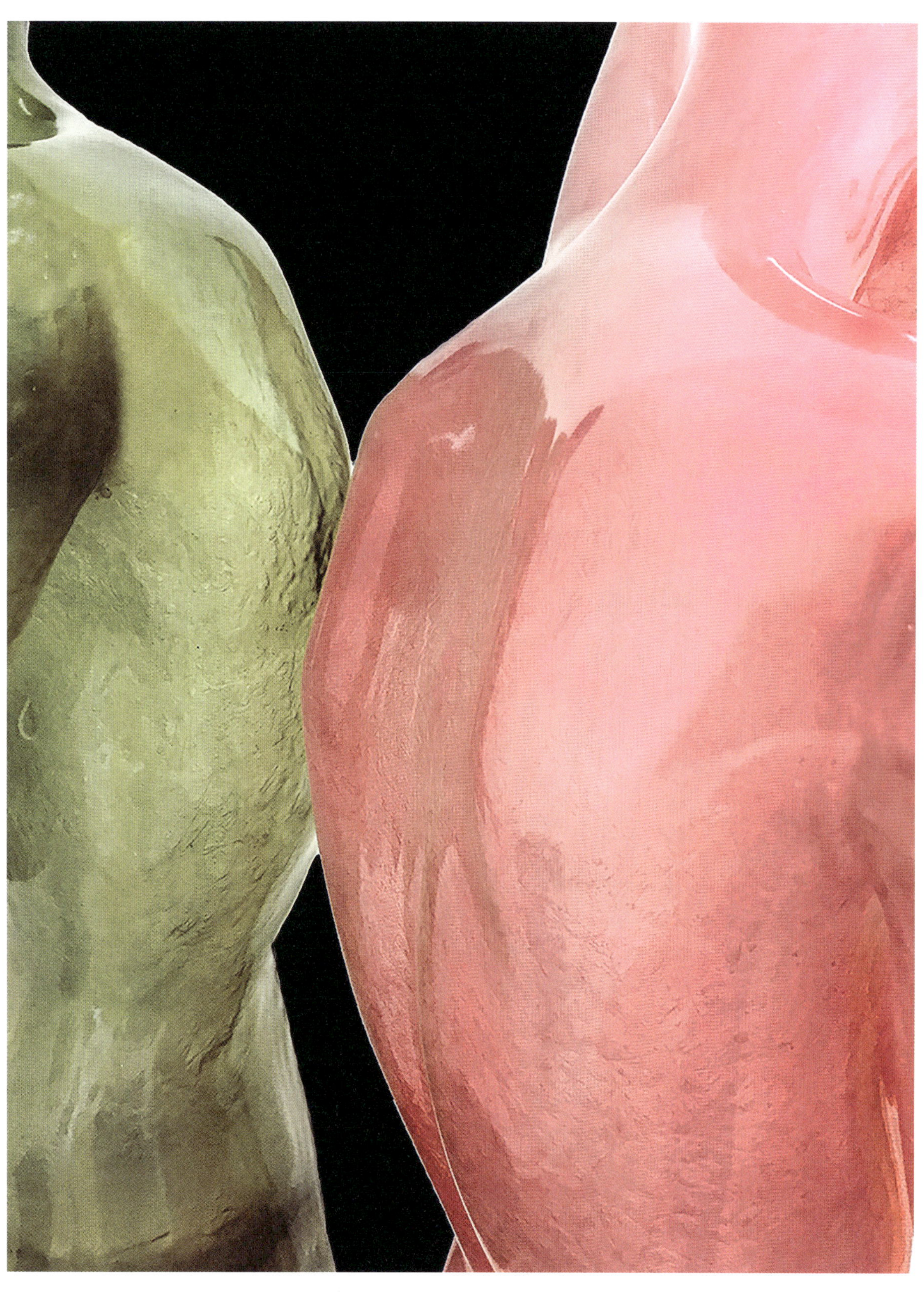

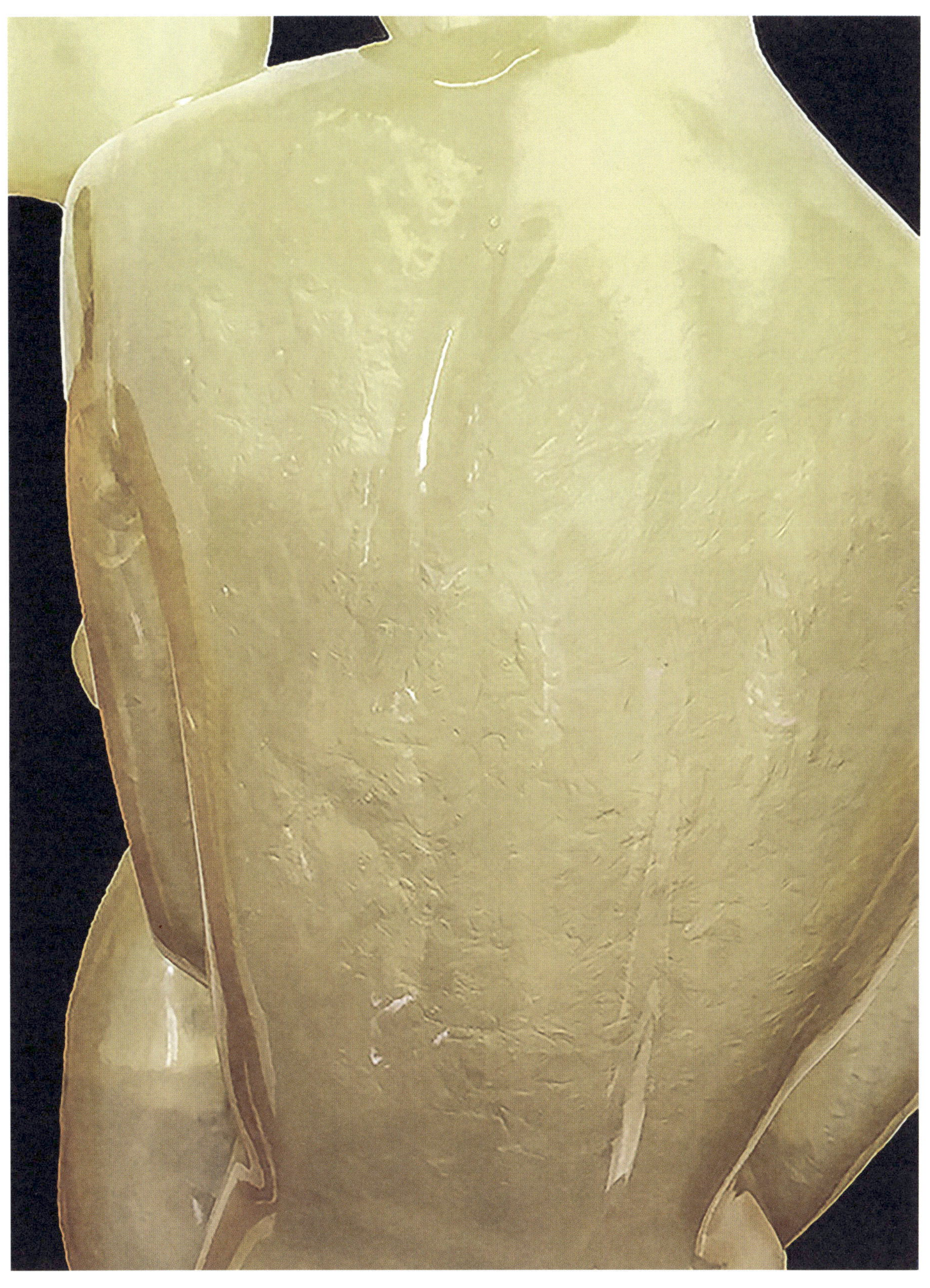

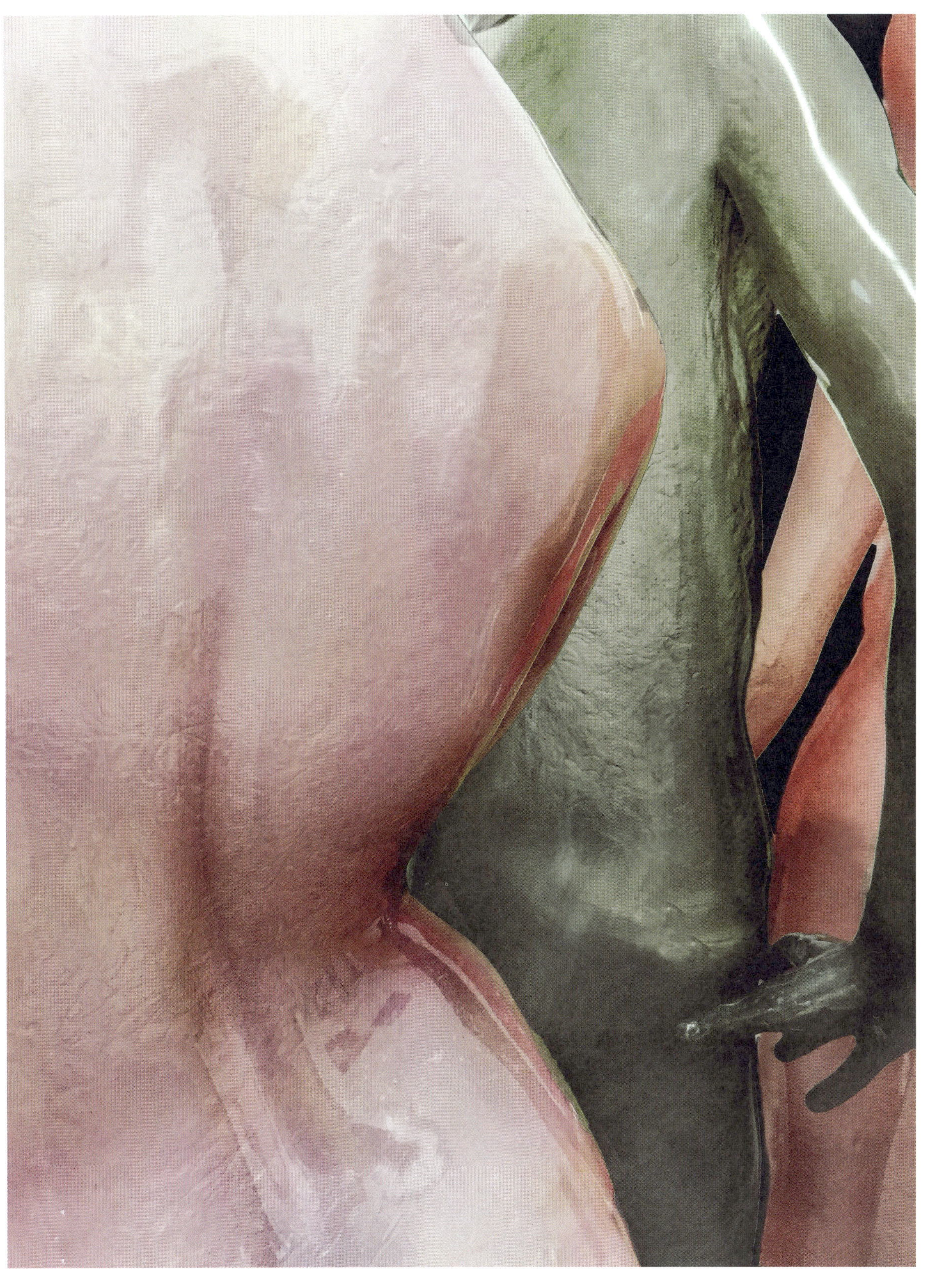

2015

transformationsschnitt

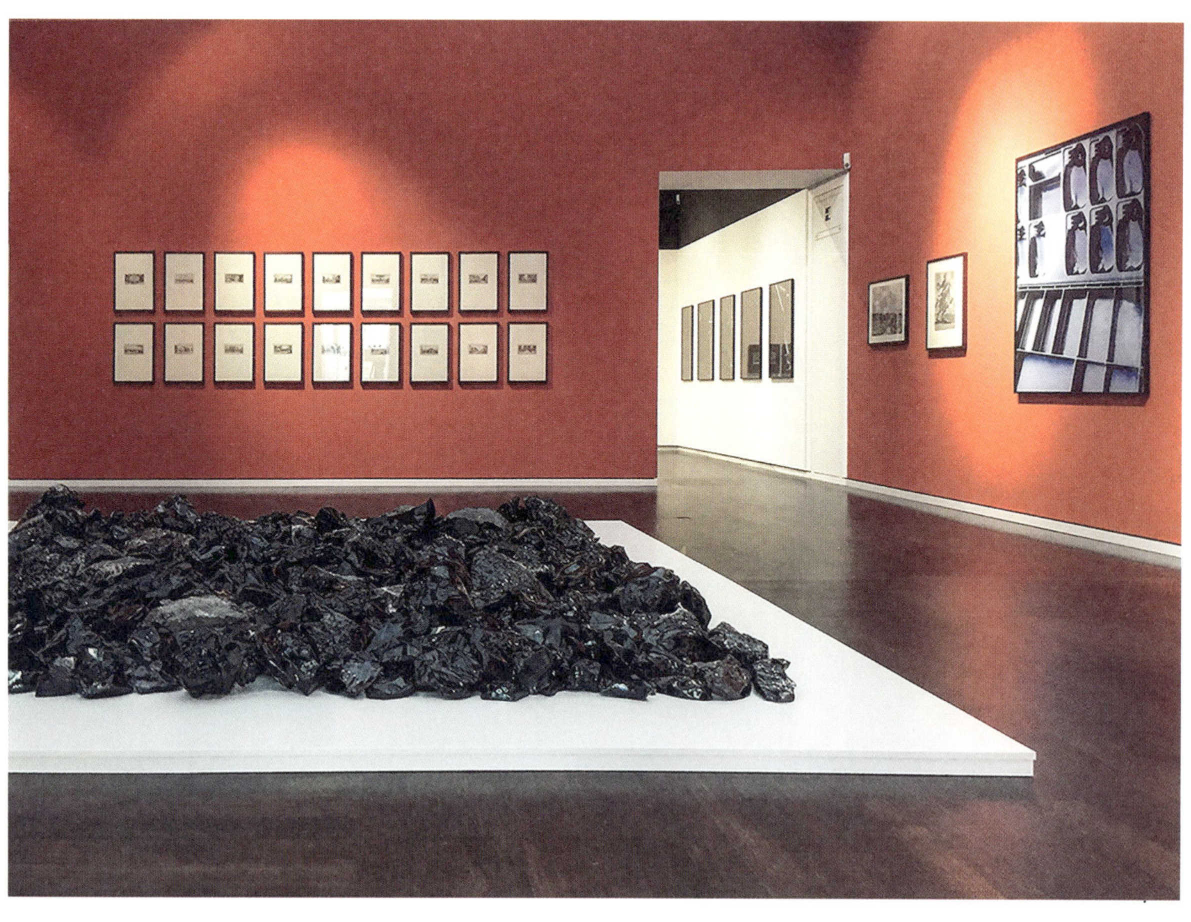

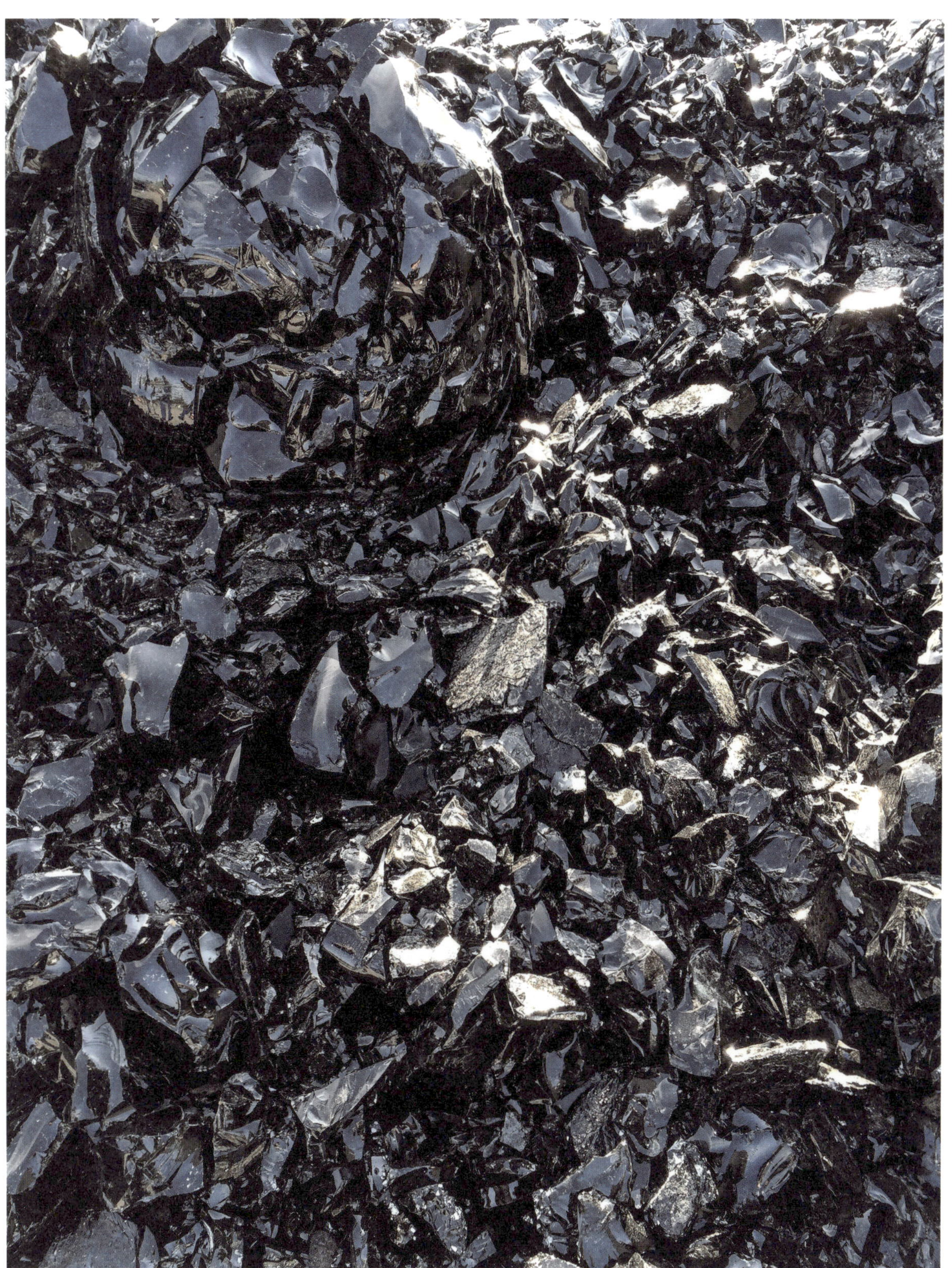

2017

Weapon

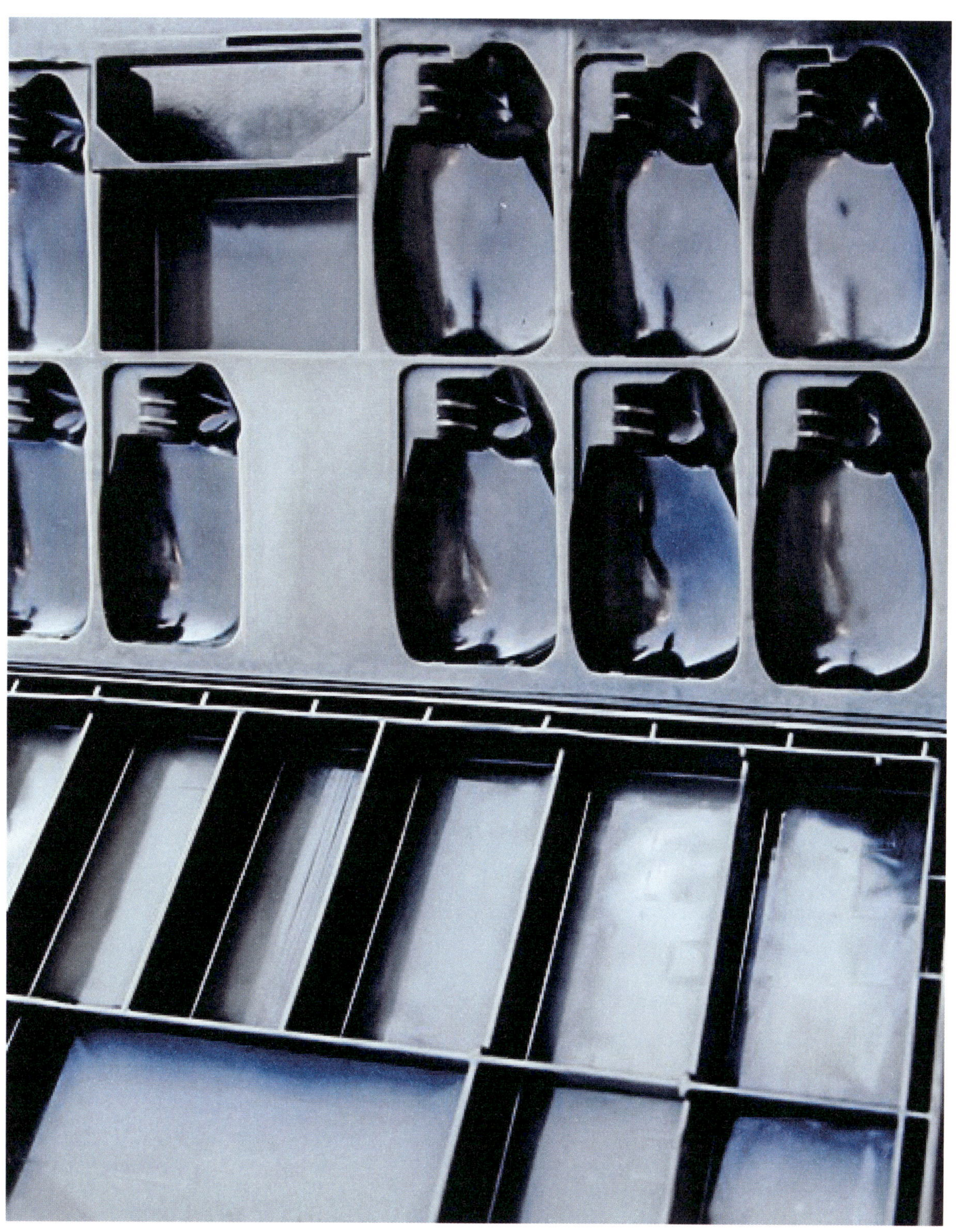

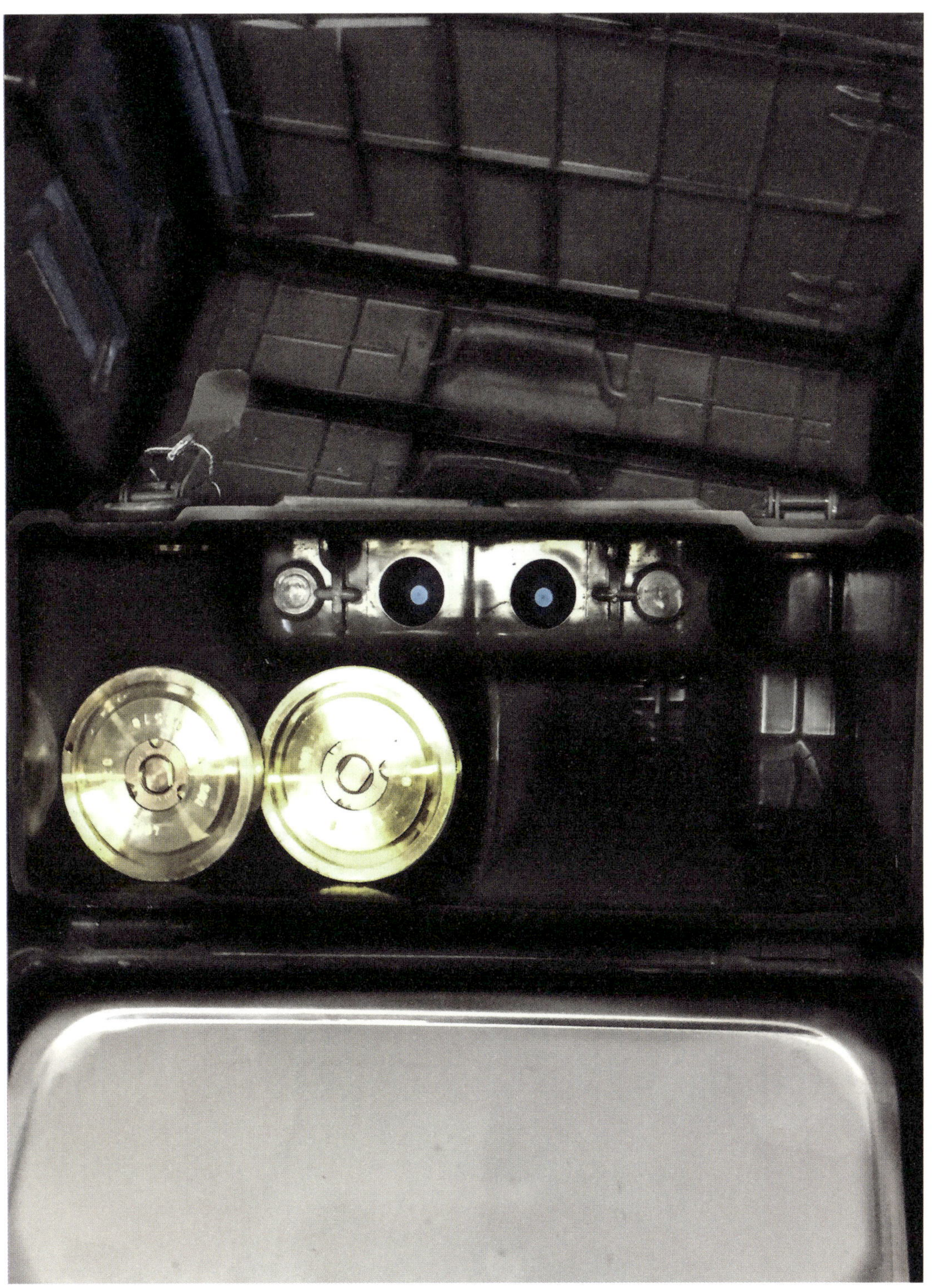

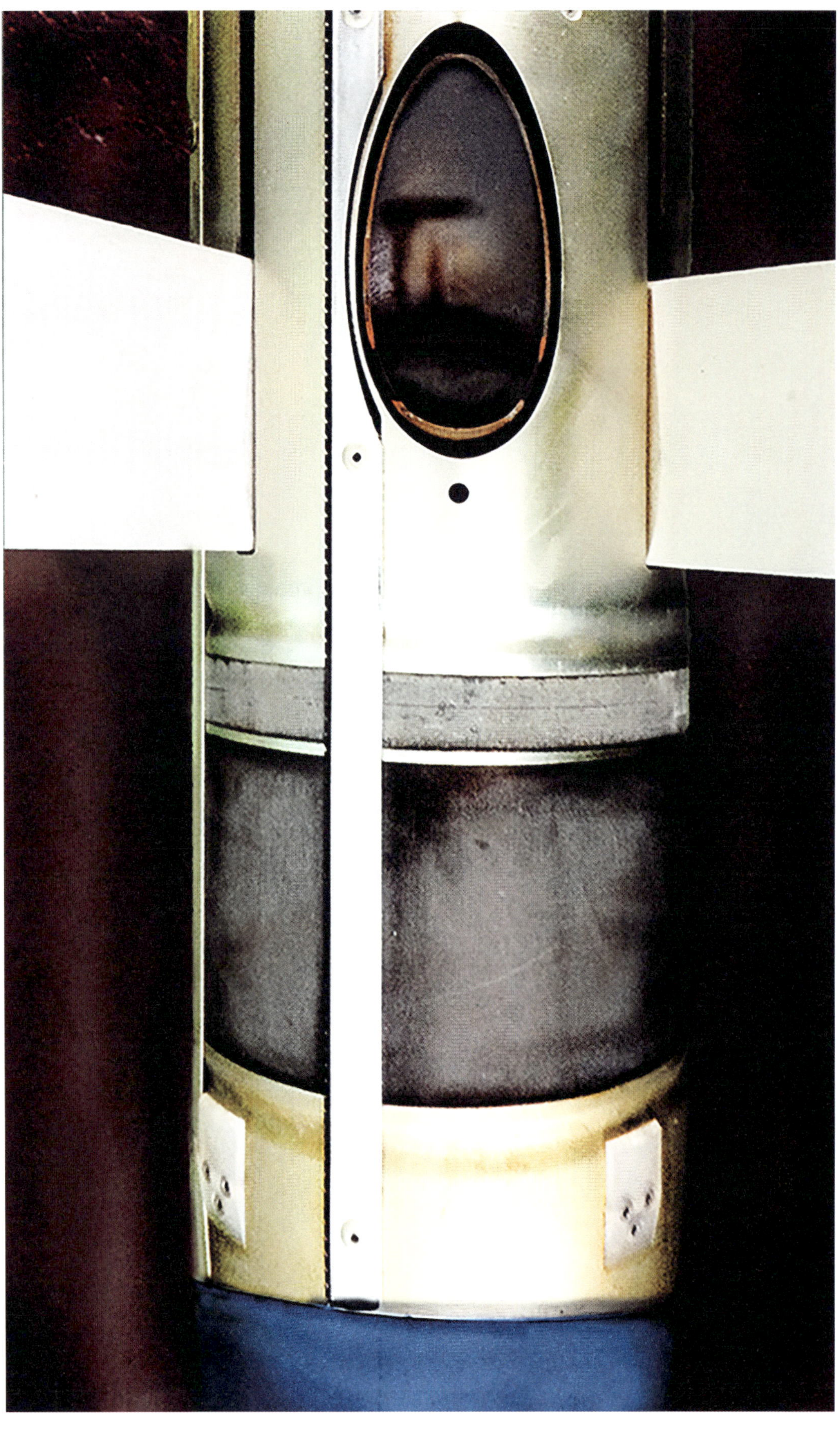

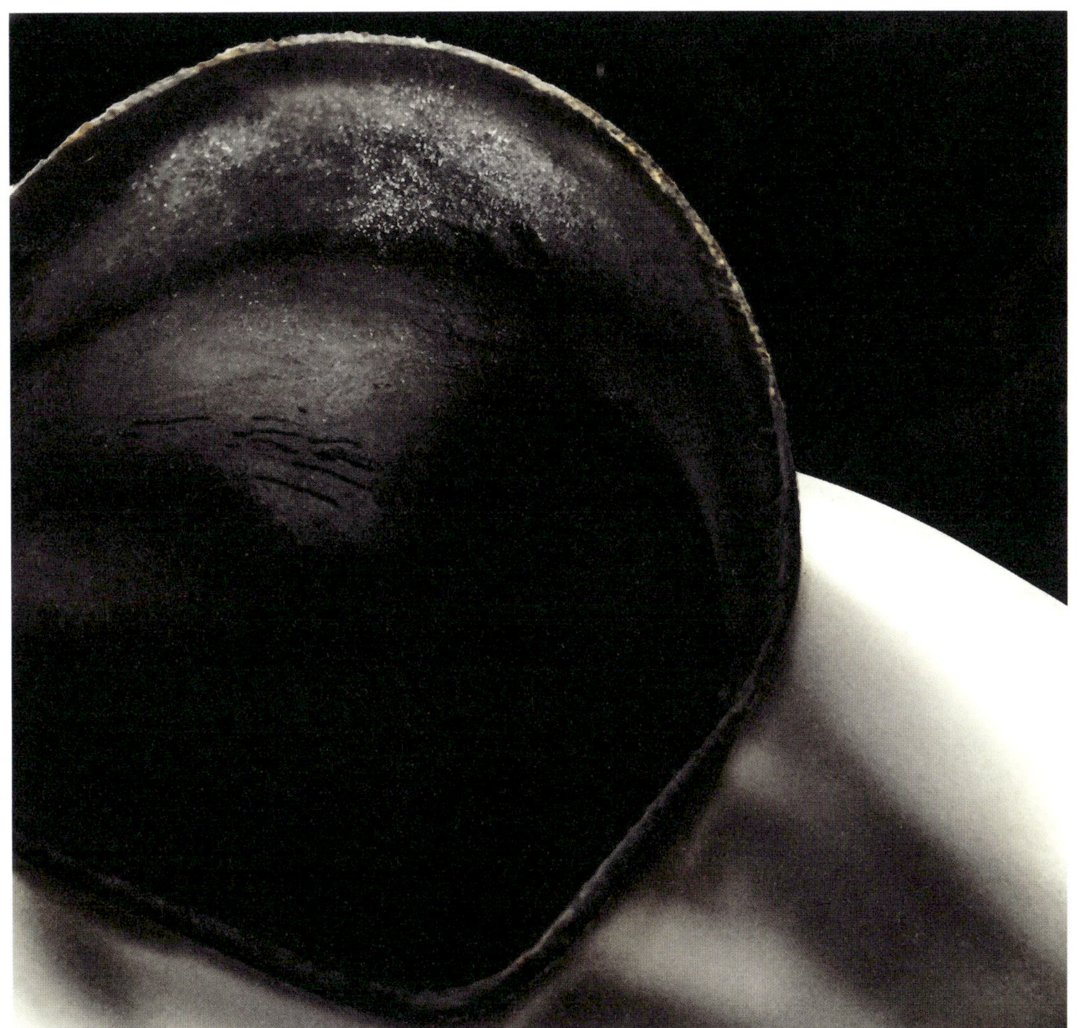

2018

disruption

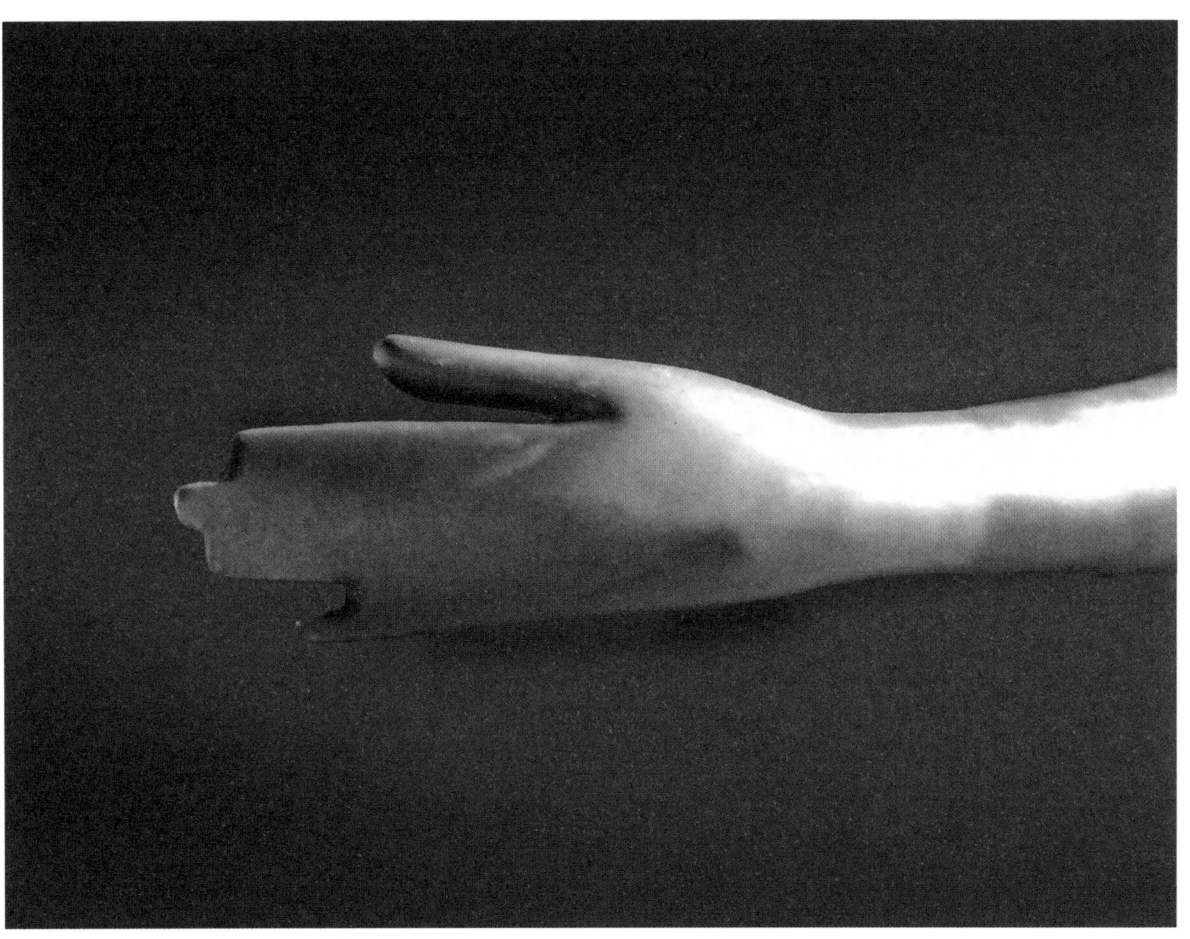

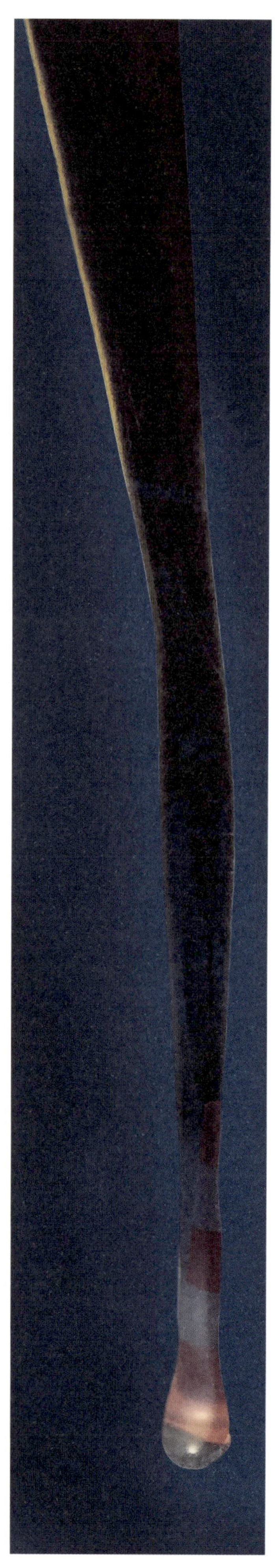

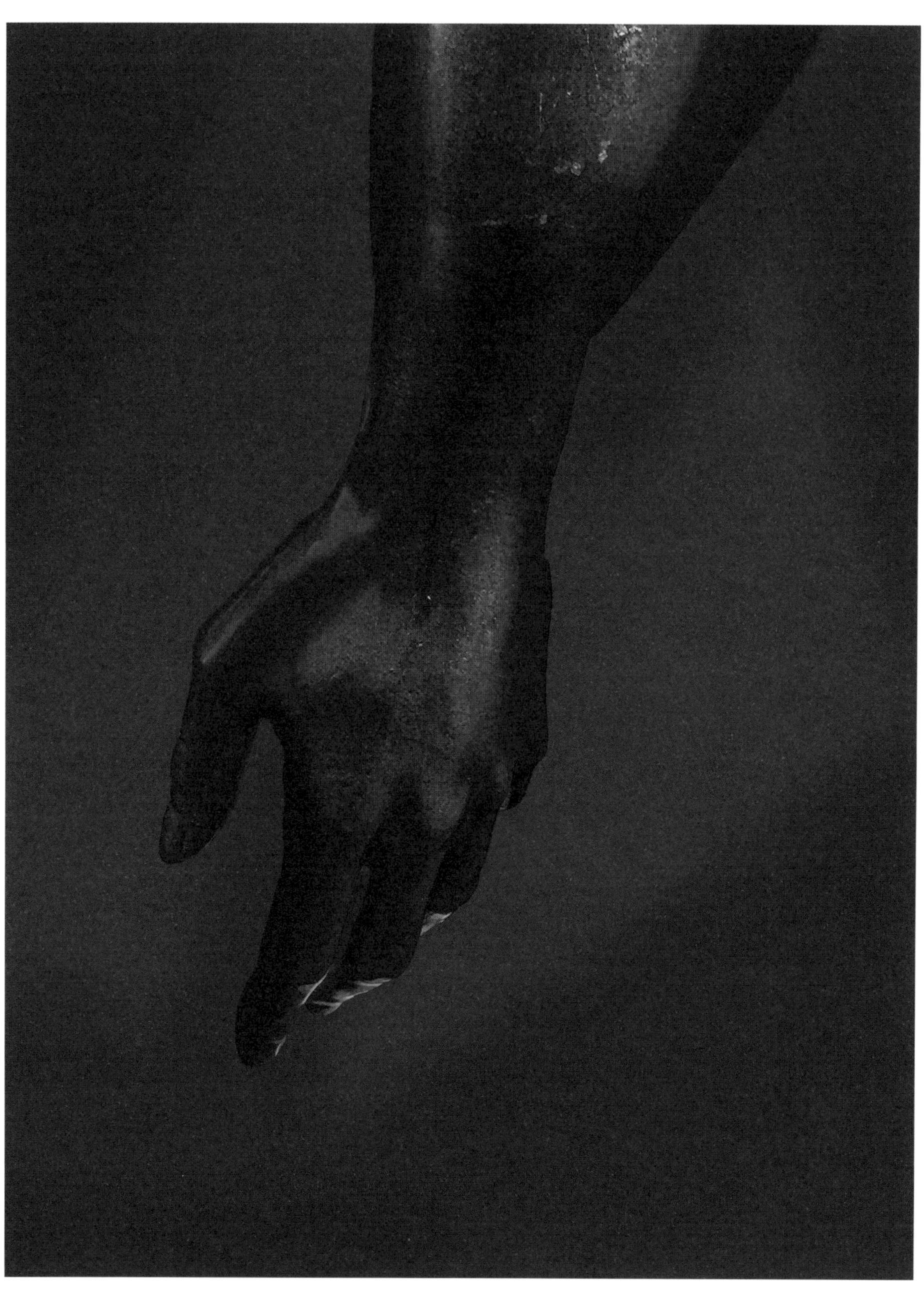

2018

Mirrors

2015

portrait

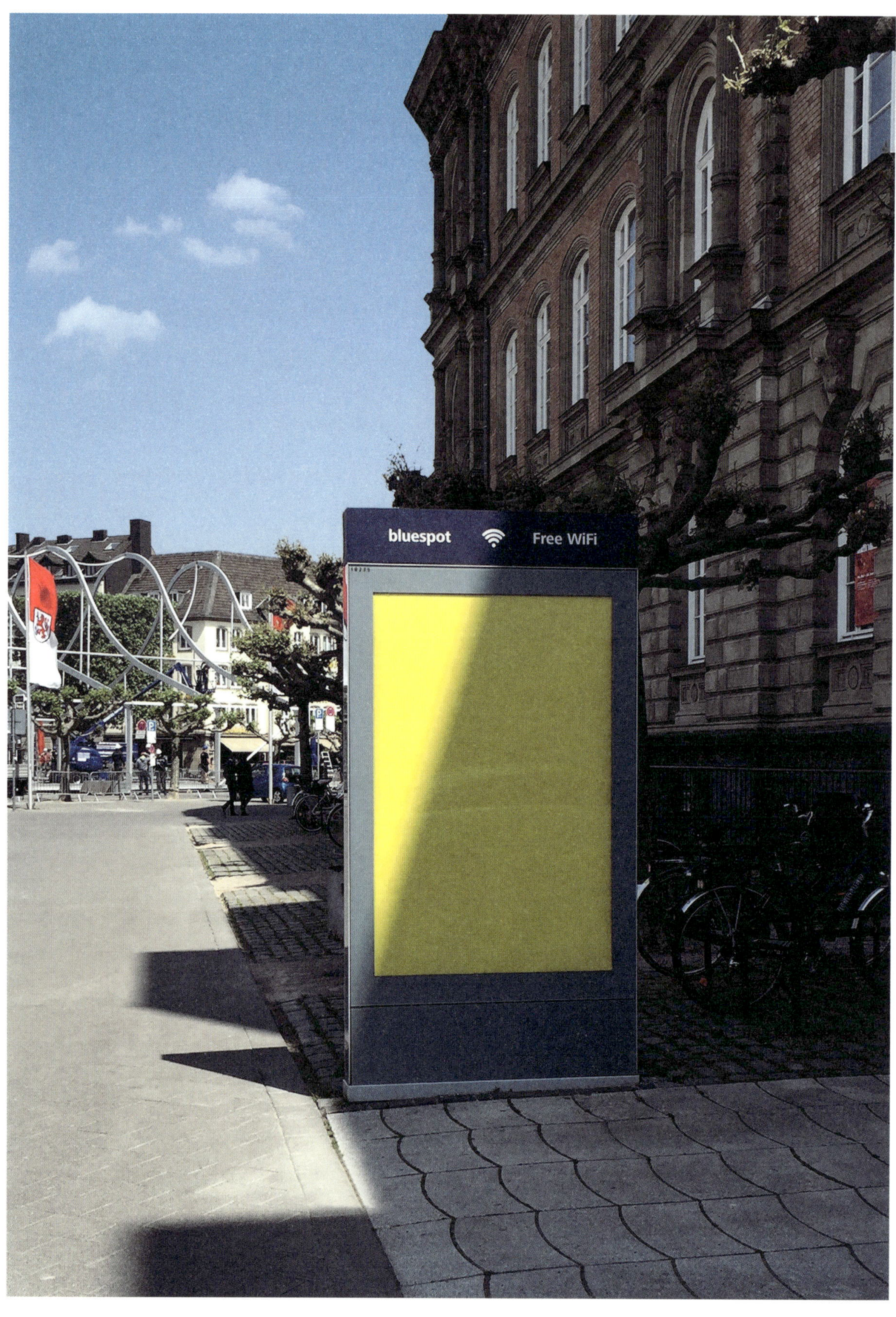
bluespot
Free WiFi

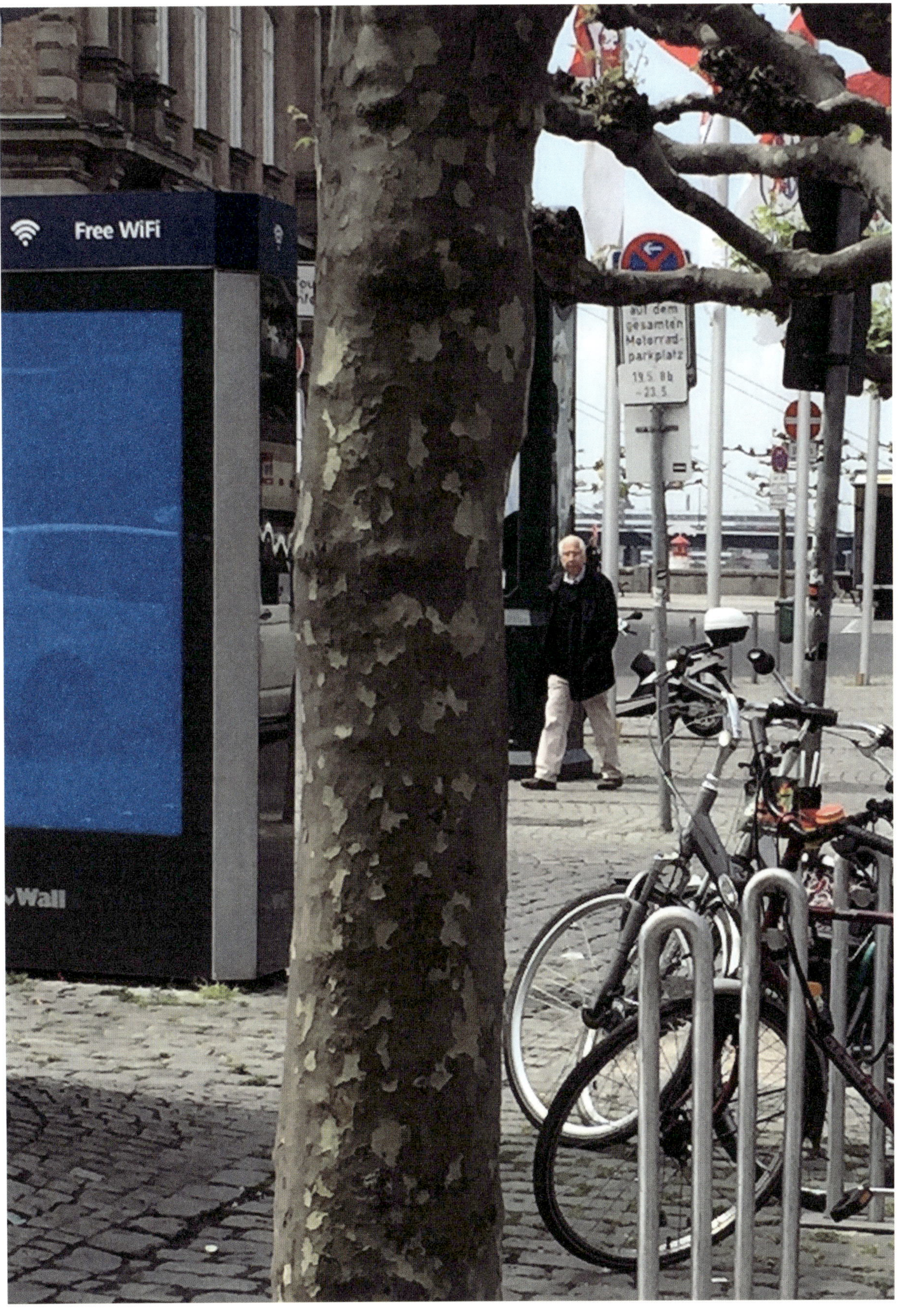
Free WiFi
Wall
auf dem
gesamten
Motorrad-
parkplatz

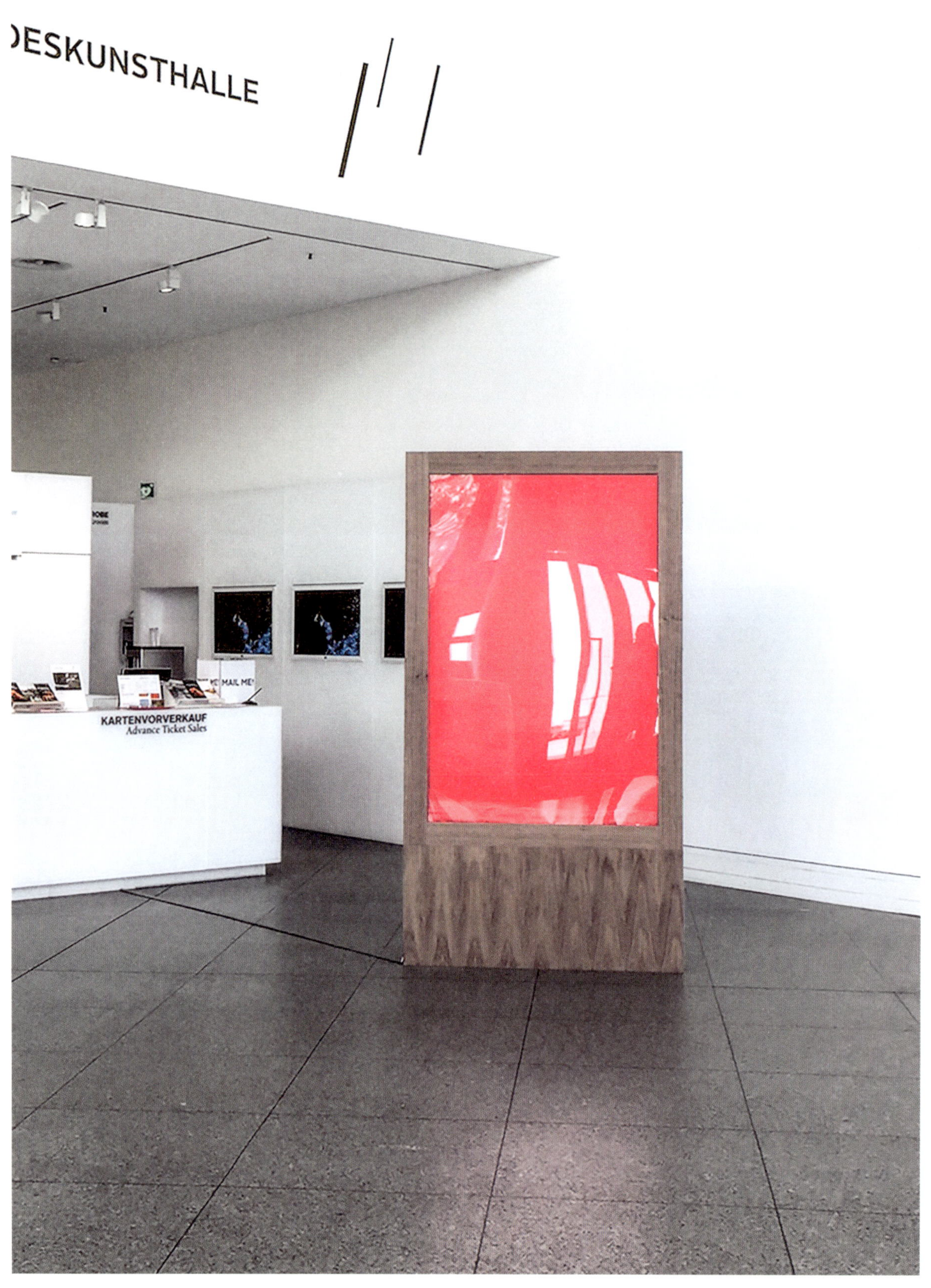
DESKUNSTHALLE
KARTENVORVERKAUF
Advance Ticket Sales

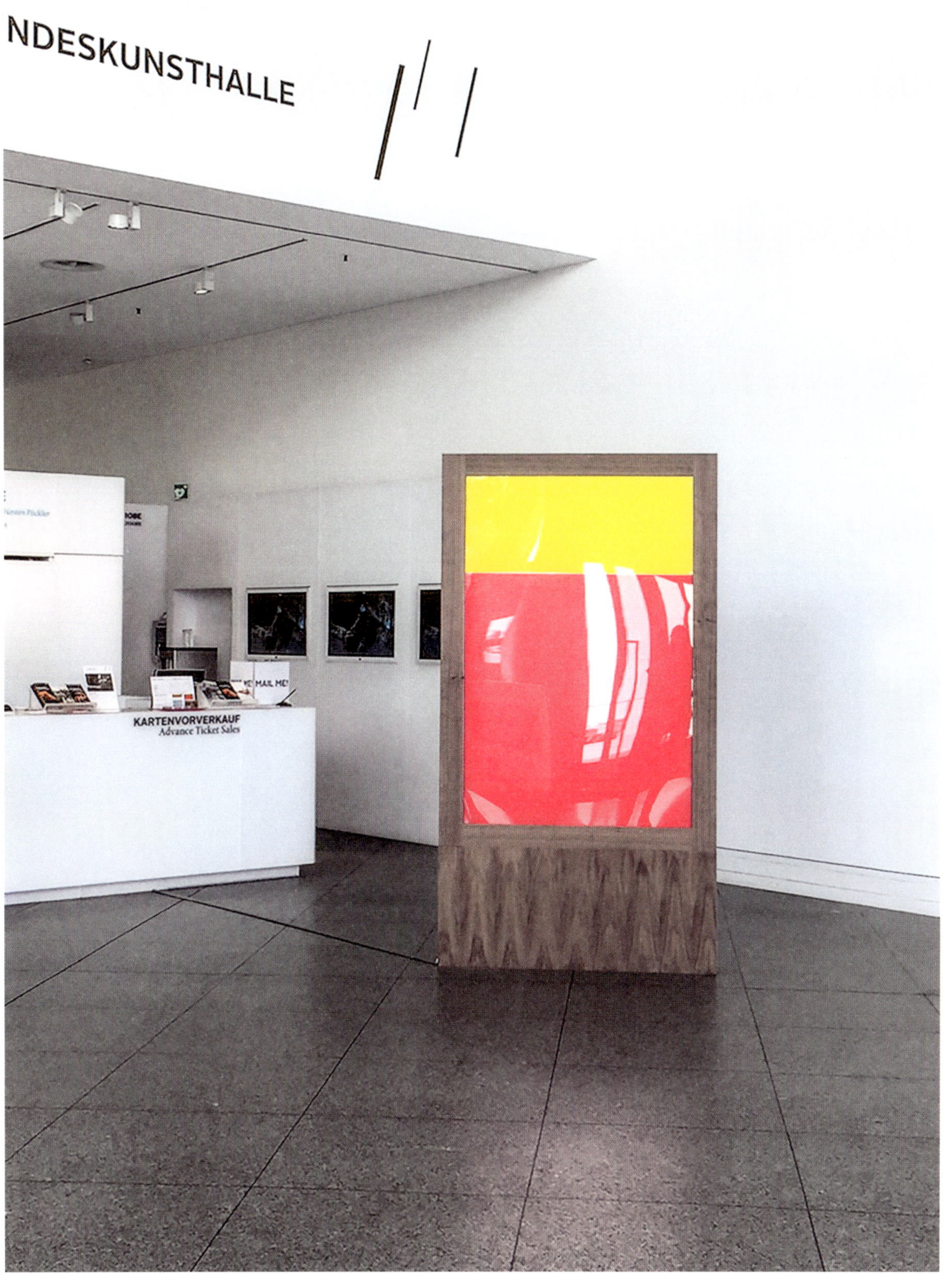
NDESKUNSTHALLE
KARTENVORVERKAUF
Advance Ticket Sales
MAIL ME

2014

fracture

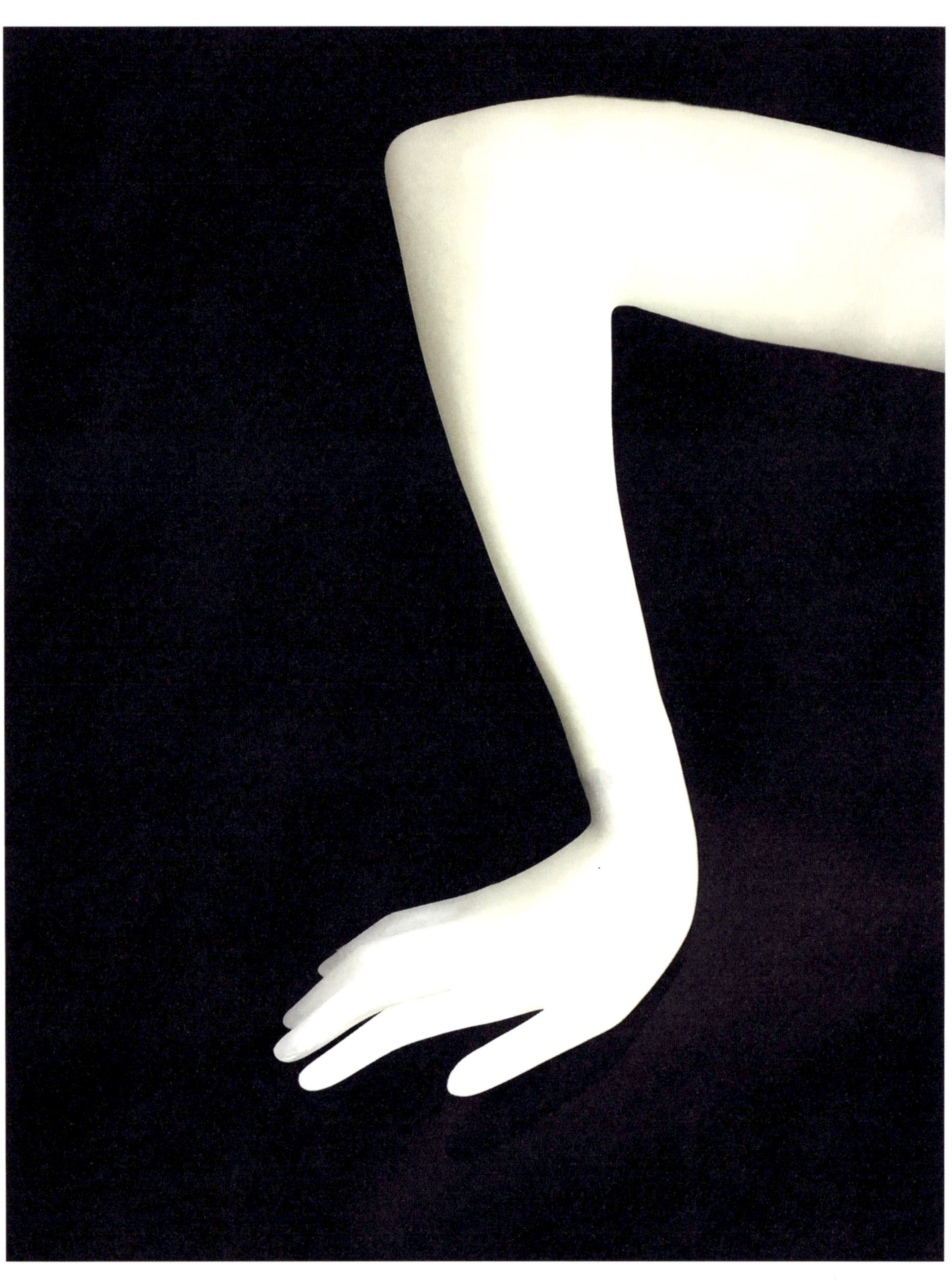

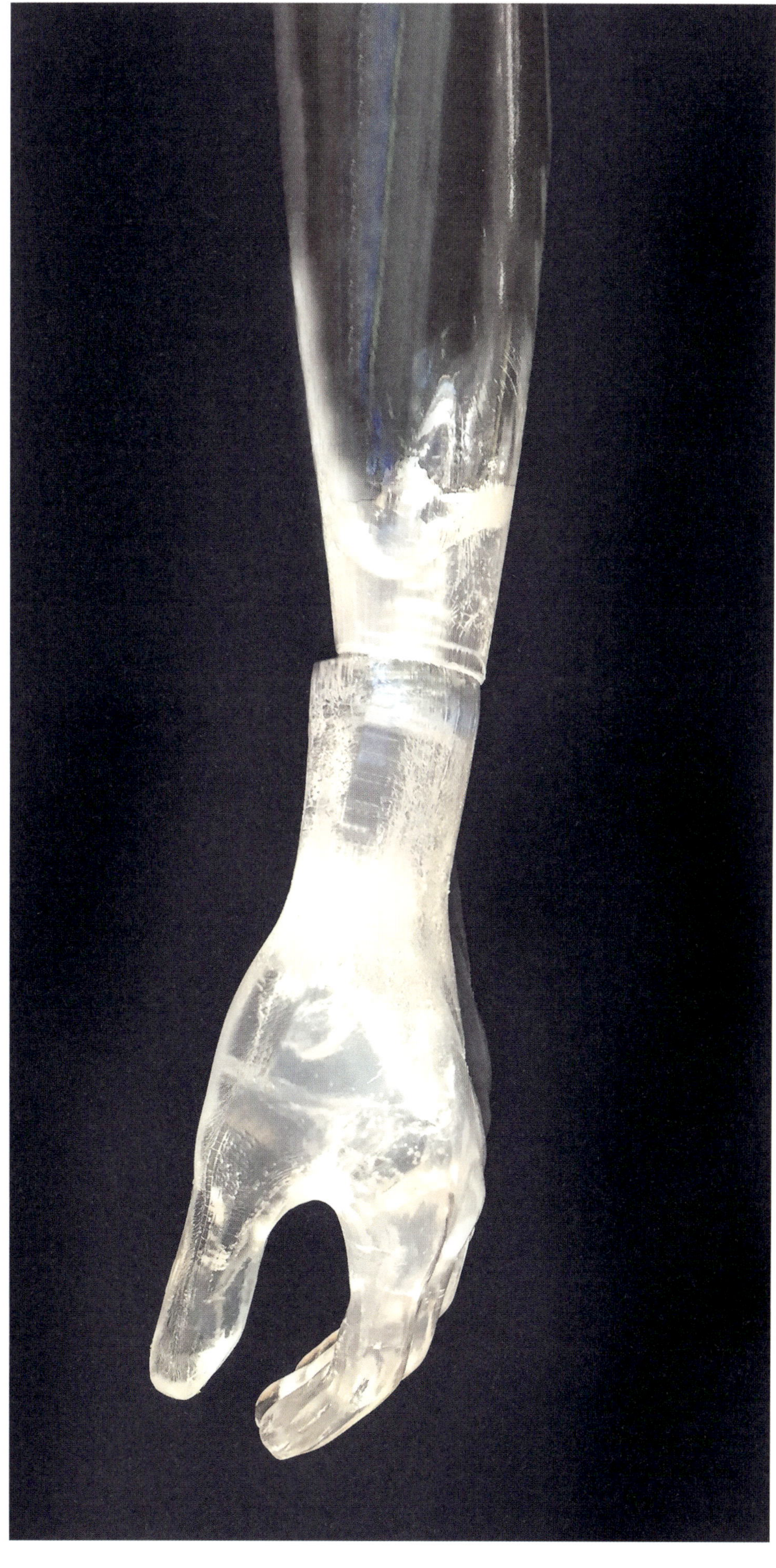

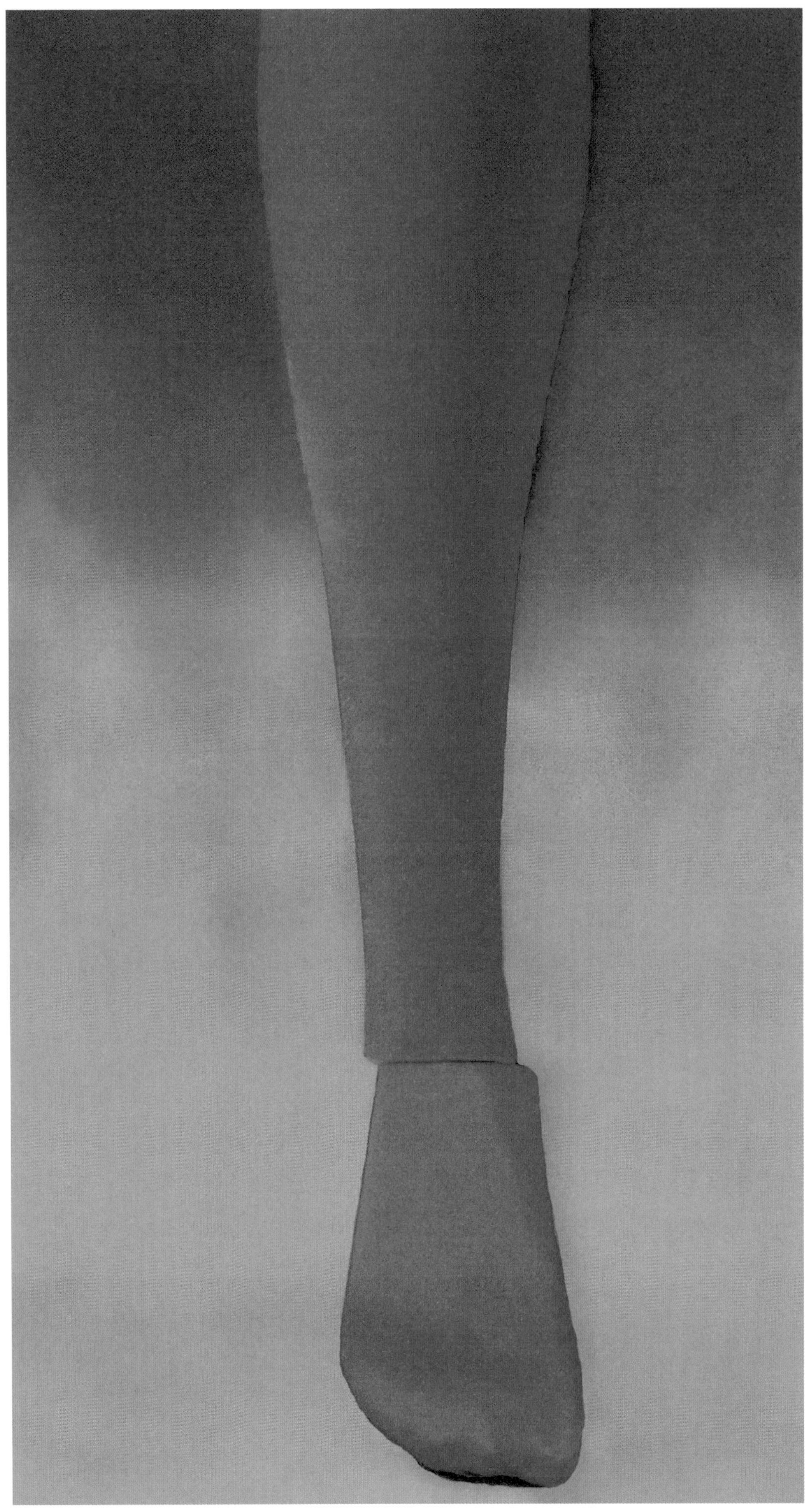

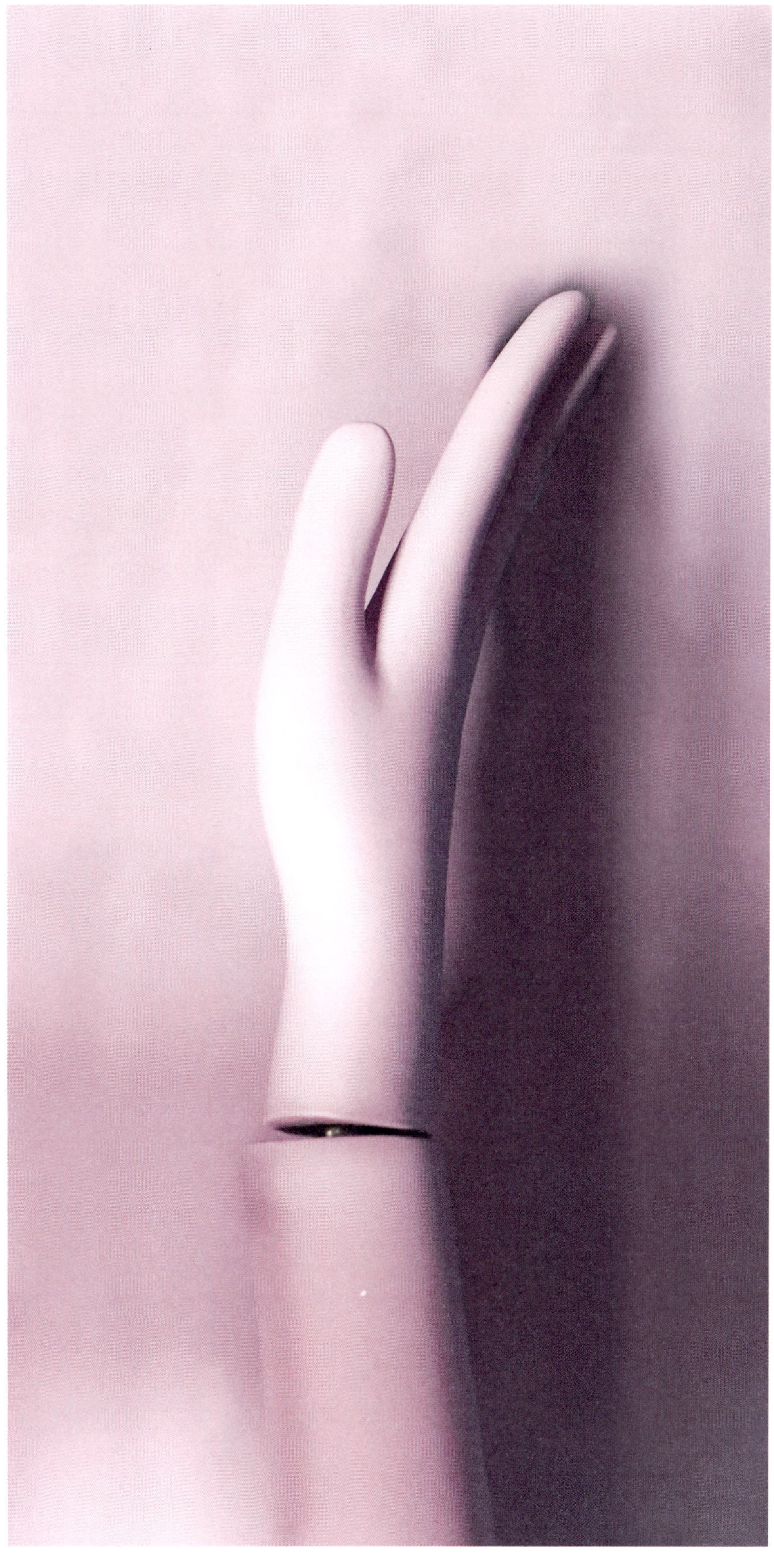

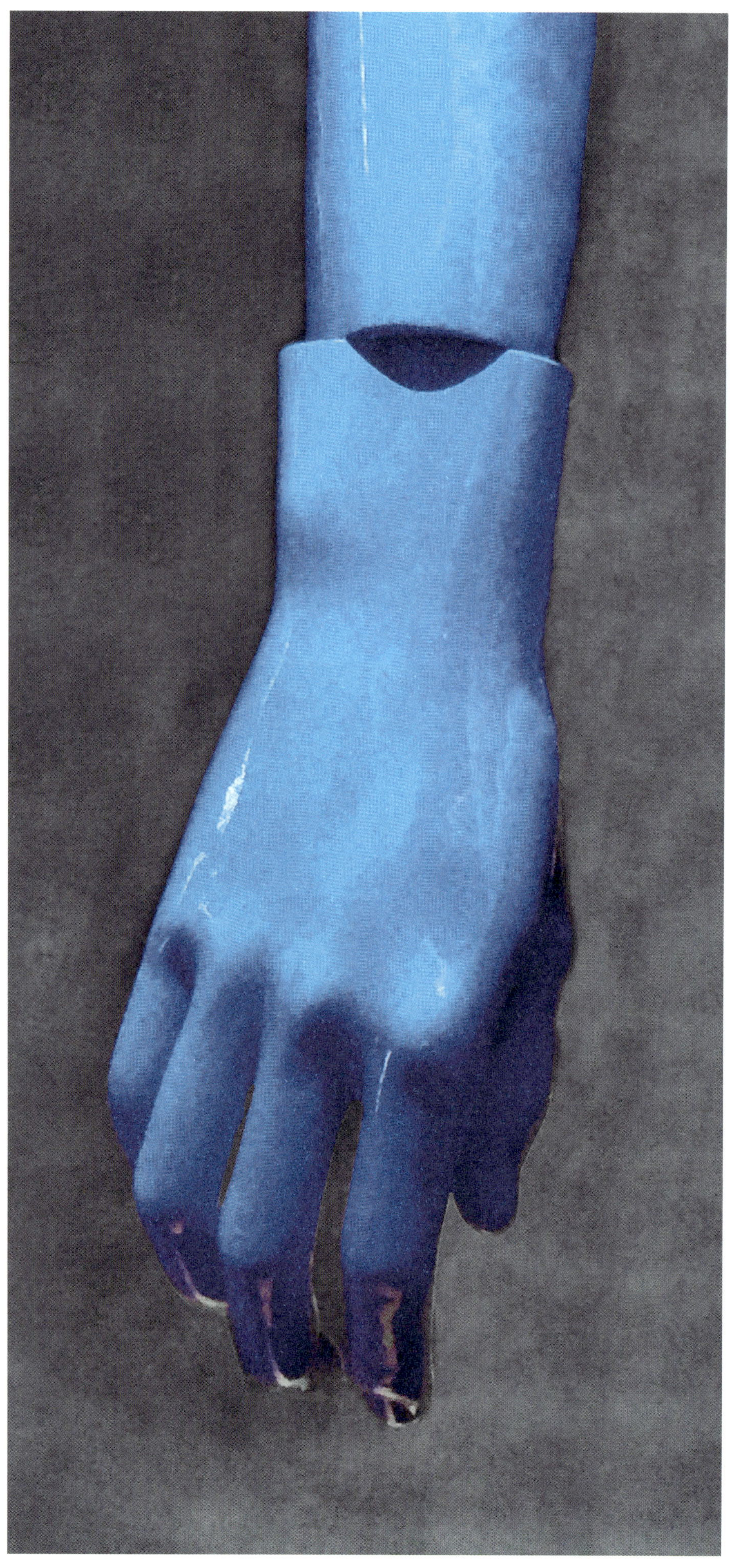

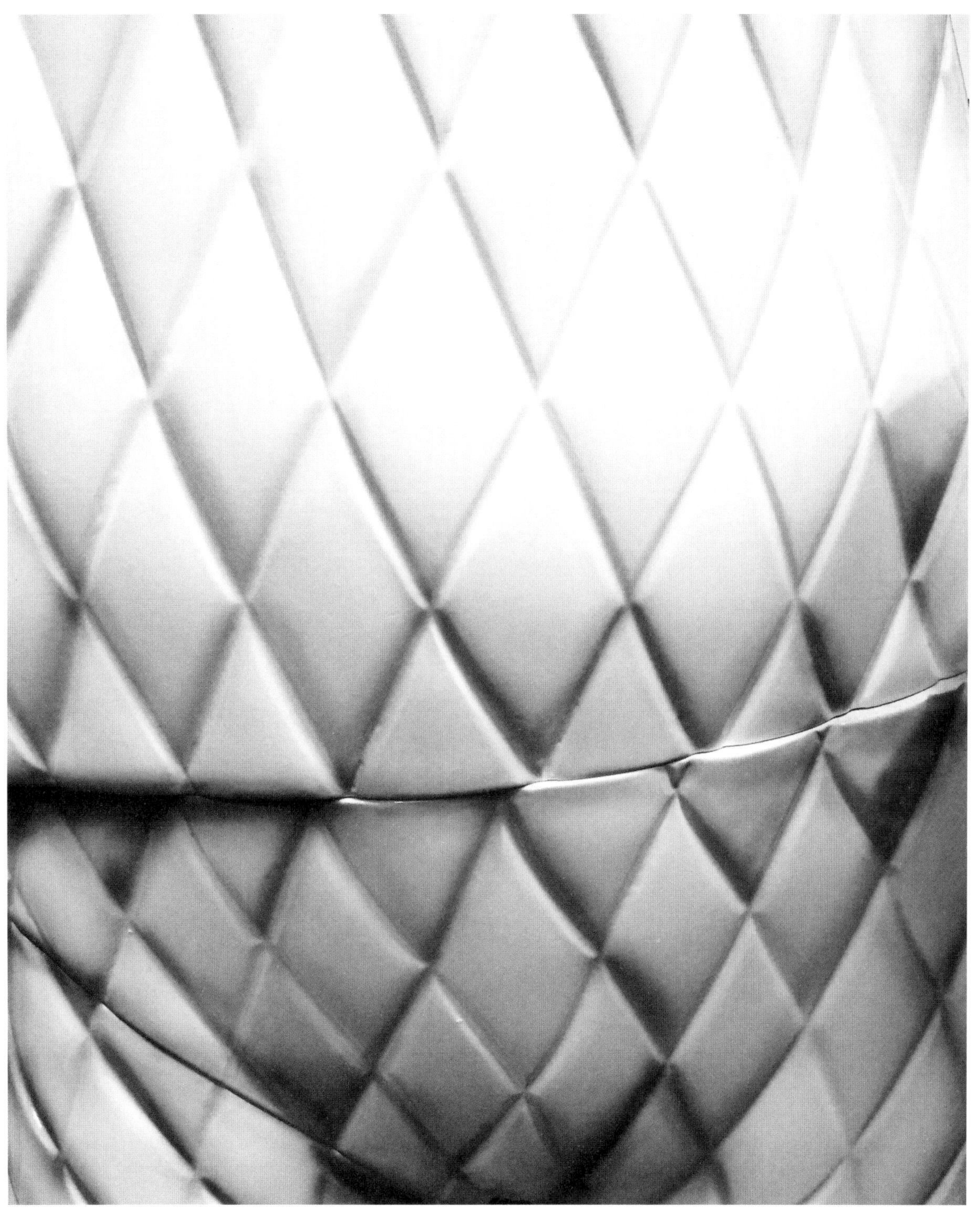

2018

aporias

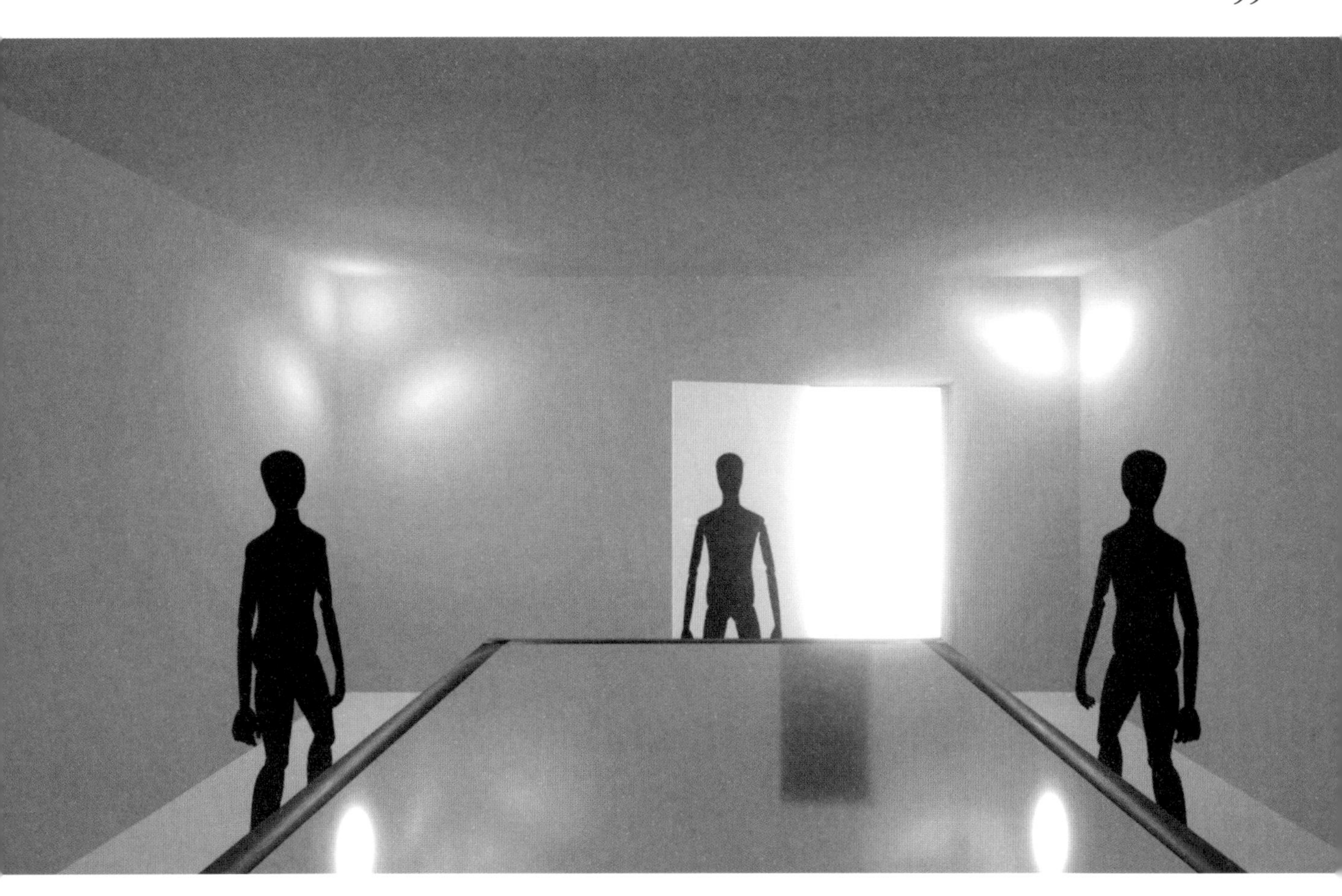

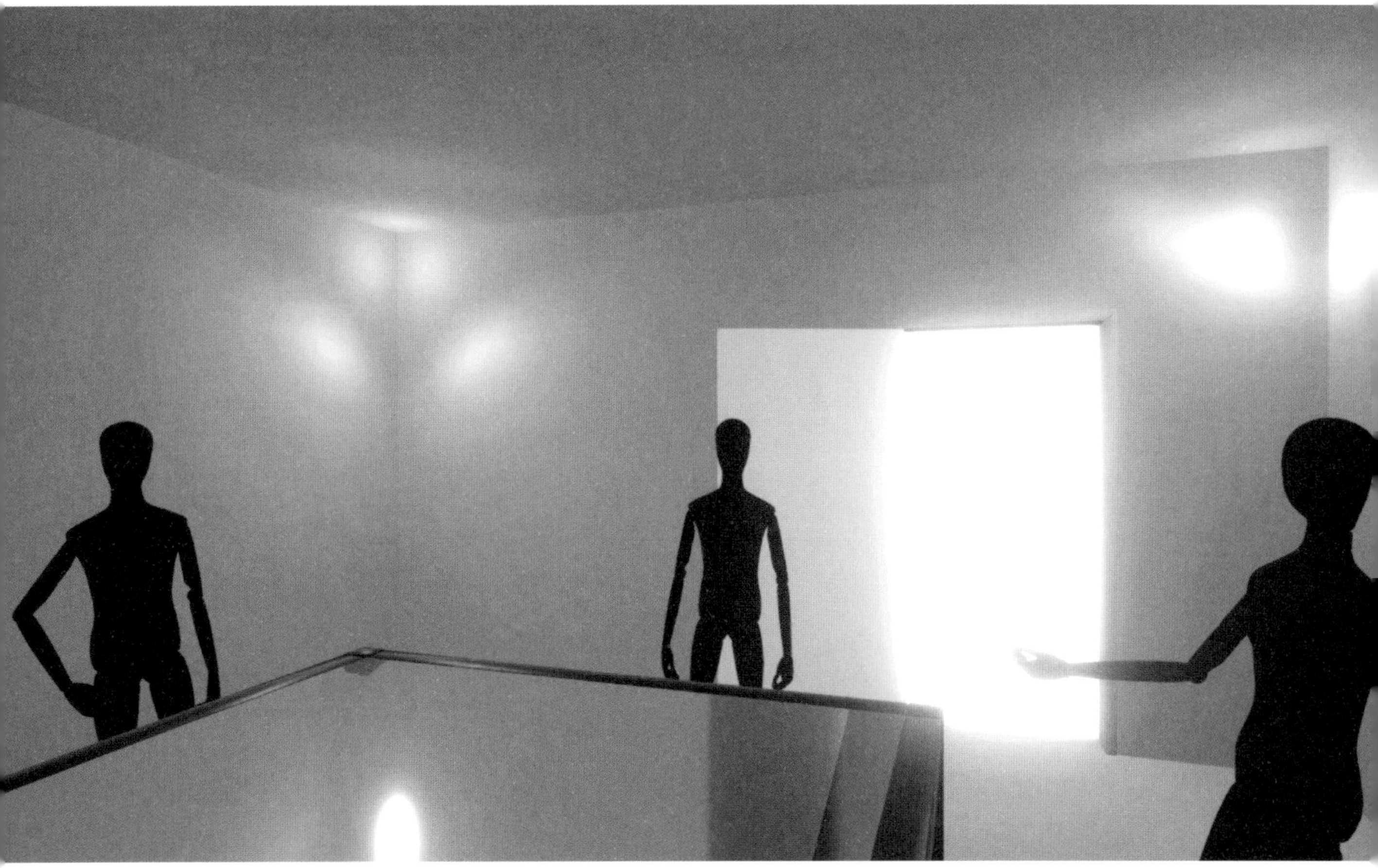

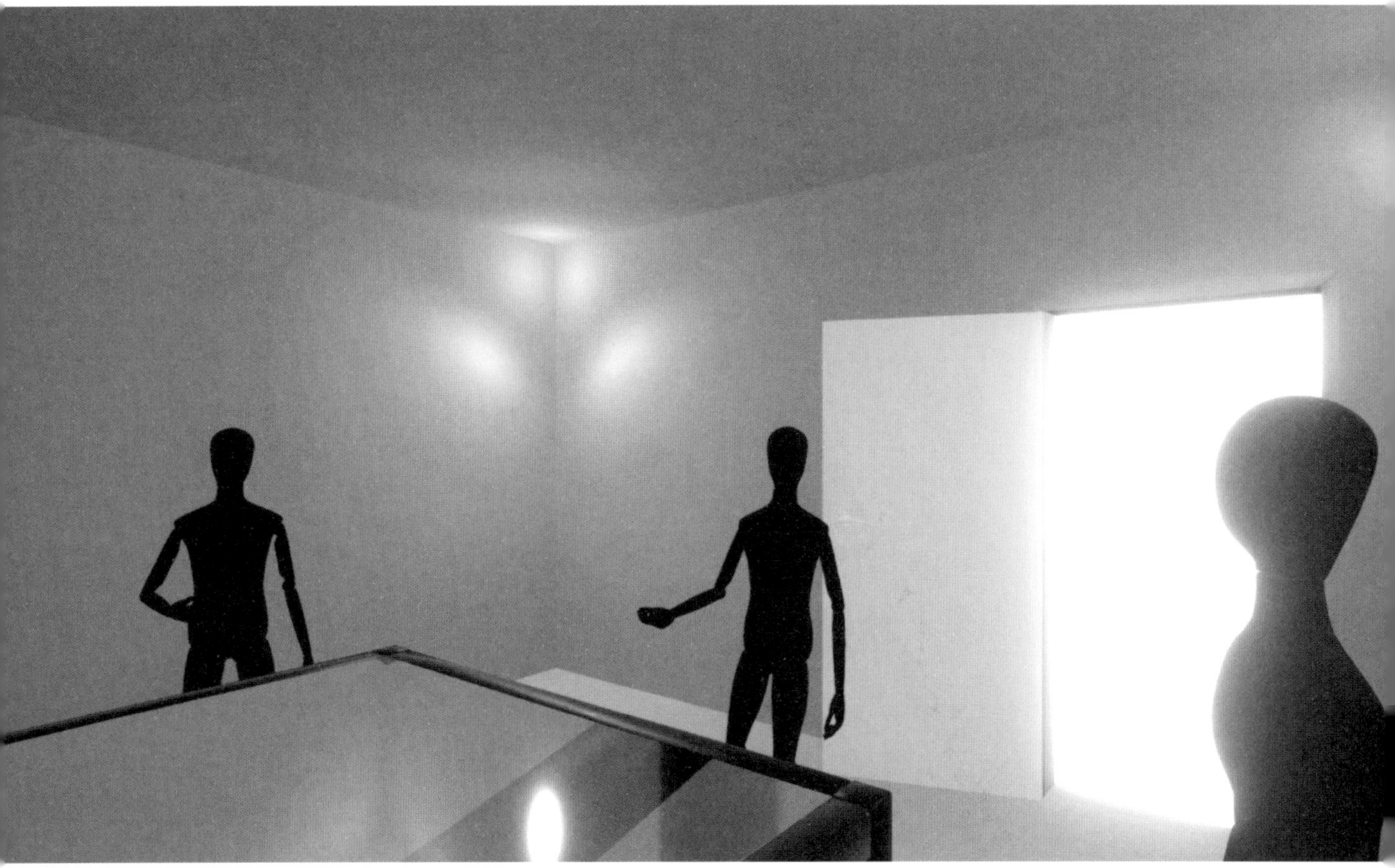

STEFAN GRONERT

Neue Menschen?

Fotografische

Transformationen

im Werk von Louisa Clement

Louisa Clement hat ihre künstlerische Ausbildung zwar vorwiegend als Fotografin erfahren, ist aber – spätestens seit den 2015 entstandenen Spiegelobjekten – nicht ausschließlich im Bereich der klassischen Fotografie tätig. In der Analyse einzelner fotografischer Werkgruppen möchte ich im Folgenden zeigen, wie die Künstlerin einen medienspezifisch verengten Begriff des zweidimensionalen Fotos ausreizt, bisweilen transformiert und inwiefern dies beinahe zwingend aus den zeitgemäßen gesellschaftspolitischen Fragestellungen ihres Ansatzes resultiert.

Beginnen wir mit einem scheinbar randständigen Phänomen. Selbst wenn es im Kontext der Diskussion von Fotografie verführerisch ist, die Frage nach bildlichen Inhalten zugunsten einer Erläuterung der technischen Entstehung zu vernachlässigen, sei trotzdem an dieser Stelle ein technisches Detail vorangestellt – denn es ist bezeichnend für den durchaus konzeptuellen Ansatz der Künstlerin: Im Unterschied zu vielen bekannten Fotografinnen und Fotografen, die, wie zum Beispiel Hiroshi Sugimoto, eine Plattenkamera des 19. Jahrhunderts verwenden, setzt Clement eben keine Großformatkamera für hochauflösende Bilder ein, sondern verwendet die Kamera ihres Smartphones, nutzt also einen Alltagsgegenstand zur Produktion von Kunst. Diese Form der Zeitgenossenschaft offenbart sich bereits in der 2012/13 entstandenen Reihe **on one's way**. Sie zeigt Ausschnitte aus Innenräumen von Zügen. Sind diese abstrahierten Ansichten nicht unmittelbar, aber doch nach einiger Zeit als solche identifiziert, kann man von einer Verwandlung visueller Erfahrungen aus dem Alltag sprechen. Zu Recht hat jedoch Sven Beckstette darauf aufmerksam gemacht, dass Clement hier *»Perspektiven gewählt und die Aufnahmen hinterher so bearbeitet [hat], dass sich die Ausschnitte aus der bekannten Realität in geometrisch abstrakte Kompositionen auflösen. In den zarten Pastelltönen zeigt sich außerdem die Sensibilität der Künstlerin für Farben, kommt Clement doch von der Malerei und hat erst später zur Fotografie gefunden.«*[1]

1 Sven Beckstette, **Primat von Form und Farbe**, unveröff. Ms., Düsseldorf 2015 bzw. www.louisa-clement.de/work [gelesen am 19.10.2018].

Diese in der modernen Fotografiegeschichte durchaus nicht seltene malerische Optik wird durch den Gebrauch der Smartphonekamera und die verbundene geringe Tiefenschärfe der Bilder unterstrichen. Wichtig ist hierbei auch die Erkenntnis, dass Clements Fotos generell nicht das Produkt eines schnellen, spontanen Akts der Bildentstehung sind. Speziell für die frühe Werkgruppe **on one's way** gilt, dass das Bild vielmehr zu einer kontemplativen Betrachtung einlädt. Genau dieser Einsatz der Technik und seiner Funktion wird sich auch in den folgenden Jahren nicht verändern.

Im Blick auf die folgenden Arbeiten ist es wichtig festzuhalten, dass Clement grundsätzlich in thematischen Werkgruppen bzw. -serien arbeitet. Das unterstreicht eine Aussage vom Beginn des Jahres 2018: *»Mein Ansatz ist ein ebenso konzeptueller wie visueller. Ich sehe meine Arbeit als ein Netz aus Serien und Werken, das sich mit jeder Arbeit stärker verdichtet und ein sich immer vertiefenderes Bild unser Zeit zeichnet.«*[2]

Das Gesagte offenbart sich auch in der folgenden 55-teiligen Serie der **heads** (2014/15), die nicht nur auf der motivischen Ebene einen Einschnitt im Schaffen von Clement markiert. Die Köpfe zeigen Schaufensterpuppen. Vor allem bedingt durch ihre Reihung, handelt es sich bei den gesichtslosen, weitgehend entindividualisierten und damit auch geschlechtslosen Ansichten nur mehr um Anspielungen auf Menschen. Eine völlige Uniformität wird dabei durch die unterschiedlichen Farben, Formen und Oberflächen der Gebilde sowie durch die auffällig variierenden Bildgrößen verhindert, sodass tatsächlich von anthropomorphen Residuen gesprochen werden kann. Diese Anspielung auf menschliche Erscheinungen erzeugt beim Betrachter eine emotionale Beklemmung, die durchaus an die surreale Tradition der Puppenfotografien von Hans Bellmer (1902 – 1975) erinnert.

Für den zeitgemäßen Ansatz von Clement ist es dabei von zentraler Bedeutung, dass es sich um eine Fokussierung allein auf den Kopf im Kontext einer seriellen Präsentation handelt. Genau deshalb können die gesichtslosen **heads** letztlich als Schlussfolgerung einer sich auf Äußerlichkeiten fixierten Gesellschaft gesehen werden. Offensichtlich wird hier,

2 Louisa Clement im Magazin des Festivals Duesseldorf Photo, 2018, S. 7.

dass der Mensch selbst zur Ware geworden ist, zu einem Kostenfaktor und Vermögenswert, sodass auch der motivische Einsatz von Schaufensterpuppen schlüssig ist.[3]

Dasselbe setzt sich in der unmittelbar anschließend entstandenen Reihe *fracture* (2014) fort. Hier gilt das Augenmerk nicht dem Kopf, sondern den Armen und Händen von Schaufensterpuppen. Insofern die bildliche Ordnung in dieser Reihe nicht auf die Mittelsenkrechte fokussiert ist, sondern im Blick auf unterschiedliche Details auch wechselnde, mitunter ornamental anmutende Anordnungen vorgeführt werden, ist *fracture* im engeren Sinne keine Serie. Dafür spricht auch der Wechsel von Hoch- und Querformaten.

An dieser Stelle bietet sich ein kurzer allgemeiner Exkurs zum fotografischen Bild an: Einem klassischen Verständnis des Mediums zufolge, das heute im alltäglichen Gebrauch des Mediums nach wie vor Bestand hat, lässt sich das Foto als Abbild oder Spiegelung der Wirklichkeit beschreiben. Die künstlerische Fotografie kann sich auf ein solches Konzept nicht beschränken und geht – im Gegenteil – in einigen Formen (zum Beispiel der Appropriation Art) bisweilen so weit, dass dort die Spiegelung der Wirklichkeit noch einmal gespiegelt wird. Den Ansatz von Clement kann man mit dieser simplen Dichotomie jedoch nicht begreifen. Vielmehr steht bei ihr das konventionelle Verständnis von Wirklichkeit zur Debatte. Es geht also um Inhalte, und erst dann um das Medium. Seit den *heads* konzentriert sich Clement vor allem auf das Thema des Körpers und die damit verbundene Frage nach Grenzen des Menschlichen: Wo beginnt das Künstliche, wo endet der Begriff des Menschen, seiner »Natur«? Wie sind die Veränderungen und Verschiebungen des Menschlichen, die Integration artifizieller Elemente in den Menschen zu verstehen? Welche gesellschaftlichen Folgen hat dies bzw. welches Verständnis des Menschen und der Macht sind mit diesen Veränderungen verbunden?

3 Vgl. Alexander Kluth, »Wenn man sich selbst beobachten will, braucht man Differenz. Zur Serie *Heads* von Louisa Clement«, in: *Louisa Clement – déjà vu*, Ausst.-Kat. Paul-Clemen-Museum, Bonn, Bonn 2016, o. S.

Artifizielle Eingriffe in die vermeintliche »Natur« des Menschen sind dabei nicht vollkommen neu, sondern längst im Alltag angekommen. Das enthüllt nicht allein der Blick auf das eigene Gebiss, dessen Kronen und eventuelle Implantate. Auch Prothesen werden schon seit Jahrhunderten als Erleichterungen bei eingeschränkter körperlicher Beweglichkeit eingesetzt. Das künstliche Herz ist (seit 1969) ebenso wenig eine exotische Besonderheit wie die Insulinpumpe für den Diabetiker (seit den 1990er-Jahren). Diese Aufzählung ließe sich unschwer verlängern. Doch in den vergangenen Jahren haben die Eingriffe von Technik und Medizin in den Körper eine neue Qualität gewonnen, sodass die Frage nach den Grenzen des Menschen eine beängstigende Evidenz gewonnen hat. In seinen extremen Ausprägungen bzw. in visionären Entwürfen hat sich die klassische Opposition Mensch – Maschine zu einer hybriden Form gewandelt, welche die Frage nach den Grenzen des Menschseins provoziert.

Die skizzierten Veränderungen des Menschenbildes können in der kulturgeschichtlichen Tradition der Suche nach einem »neuen Menschen« verortet werden, die (spätestens) mit der Entstehung des Christentums einsetzt, in den totalitären Utopien des Faschismus und der Oktoberrevolution in Russland einen vorläufigen Höhepunkt erreichten und in den aktuellen technischen Veränderungen des Menschen jenseits einer breiten theoretischen Diskussion in einer (verbrämten) ideologischen Praxis fortgeführt werden. Dass die Kunst zur Geschichte dieser Reflexion des menschlichen Daseins in vielfacher Weise beigetragen hat, ist spätestens seit der Moderne ein bekanntes Thema.[4]

Wie artikuliert sich nun die skizzierte Frage nach dem veränderten Menschenbild in der Kunst von Clement – ist es doch deren erklärte künstlerische Absicht, Fragen des Zwischenmenschlichen und auch politische Themen unserer Zeit in ihrer Arbeit aufzuwerfen?[5] Nachdem sie 2015 das Motiv des entindividualisierten Kopfes mit *portrait* zu monochromen Flächen radikalisiert – in Gestalt von City-Light-Werbeflächen,

4 Vgl. *Der Neue Mensch. Obsessionen des 20. Jahrhunderts*, hrsg. von Nicola Lepp u. a., Ausst.-Kat. Deutsches Hygiene-Museum Dresden, Ostfildern-Ruit 1999.

5 Vgl. ihre Aussage im Frühjahr 2018 (wie Anm. 2).

die dem allgemein vertrauten Farbmodell CMYK (Cyan, Magenta, Gelb und Schwarz) folgen – und damit das Medium des Fotografischen im engeren Sinne verlassen –, transformierte sie im gleichen Jahr selbst noch die Form der Bildlichkeit in der plastischen Arbeit *transformationsschnitt*.[6] Die intensivierte Frage nach dem Menschenbild führte Clement jedoch nicht einfach zur Aufgabe der Fotografie.

Bei der Serie der *heads* konnten wir bereits sehen, dass die fotografische Optik mit verschiedenen Formen der Abstraktion einhergeht, die sich vor allem auf das Motiv und Elemente der Bildgröße und Aufnahmetechnik konzentrierten. Eine Radikalisierung offenbart sich dann in den folgenden fotografischen Arbeiten: Die Werkreihe *Avatar* (2016) setzt sich aus starkfarbigen, größeren Bilder zusammen. Der kunsthistorisch verbildete Blick wird nicht umhinkommen, hier Parallelen zu Oskar Schlemmers (1888 – 1943) Puppen zu erkennen. Wie so oft bildet das Reservoir der gescheiterten Utopien der Moderne die historische Folie für das Schaffen der zeitgenössischen Künstlerin.[7] Die Ausschnitthaftigkeit der Reihe *fracture* etwa wird mit den Bildern von *Avatar* radikalisiert, sodass die stets wechselnde Komposition das Wiedererkennen einer außerbildlichen Realität erschwert. Die verführerische Schönheit dieser geschwungenen und starkfarbigen Formen vor einem schwarzen, ortlos anmutenden Grund, wirkt aber zugleich auch unheimlich, da die Konstellation von zwei oder mehr Figuren einen kommunikativen Zusammenhang suggeriert. Schnell wird deutlich, dass die anthropomorphen Gestalten keine wirklichen Menschen sind, sondern erneut Schaufensterpuppen Modell

6 Vgl. Anne-Marie Bonnet, »Der Blick der Amazonen? Bildnerische Kommentare von Louisa Clement«, in: *1917. In Erinnerung an Luise Straus-Ernst. Die Rekonstruktion ihrer Kriegsausstellung im Wallraf. Mit einer Reflexion von Louisa Clement*, hrsg. von Thomas Ketelsen, Ausst.-Kat. Graphisches Kabinett des Wallraf-Richartz-Museum & Fondation Corboud, Köln, Köln 2017, S. 116 – 121; Andreas Beitin, »Komplexere Desaster«, in: ebd., S. 132 – 137, sowie dessen Beitrag im vorliegenden Band.

7 Vgl. grundlegend zum Thema *Puppen, Körper, Automaten. Phantasmen der Moderne*, hrsg. von Pia Müller-Tamm und Katharina Sykora, Ausst.-Kat. Kunstsammlung Nordrhein-Westfalen, Düsseldorf, Köln 1999.

standen. Die glatten, glänzenden Oberflächen evozieren jedoch lediglich Vorstellungen von (neuen) Menschen und zeigen nicht die Realität selbst.

Wenn sich bei den Werken aus der Serie *Avatar* die Figuren weitgehend überlagern und ein Kontext (bzw. Hintergrund) an nur wenigen Stellen in Form schwarzer Flächen erkennbar wird, so ändert sich dies bei der folgenden Reihe *Gliedermensch* (2017). Ähnlich wie bei der Reihe *fracture* wird in diesen gestreckten Formaten der motivische Fokus vom Körper auf den Bereich schwarzer Arme und Gelenke verschoben. Die Glätte ihrer Oberflächen verweist nur mehr auf Prothesen. Pathetisch formuliert, erscheinen uns diese Gestalten wie *»fast vollständig entmenschlicht, nur noch wie vom Ruß geschwärzt oder von Pech übergossen – verfolgt, vom Schicksal gekennzeichnet, verletzt, verzweifelt«.*[8]

Im tiefen Schwarz treten die ausschnitthaften Figuren allein durch die seitliche Beleuchtung hervor. Das Thema des Zusammenlebens offenbart sich in einigen Bildern der Reihe besonders in der rätselhaften Interaktion von Händen.

In Anknüpfung hieran, motivisch aber noch deutlicher aus der Reihe *Avatar*, entwickelte Clement wenig später die Reihe *not lost in you* (2017), in der sie das Medium der Fotografie zugunsten von kurzen Videoloops verließ. Dort interagiert ein eng anliegender, rötlicher oder schwarzer Handschuh mit merkwürdig ornamentalem Design auf weißem Grund mit eben diesen Schaufensterpuppen aus der Reihe *Avatar*. Die Figuren erscheinen in der Konfrontation mit der bewegten Hand auf einmal leblos und werden von dieser langsam und in bisweilen erotischer Manier umgriffen. Wie authentisch, wie menschlich ist aber nun diese bewegte Hand? Befindet sich in dem Handschuh eine echte, menschliche Hand oder ist die Szene digital animiert, wird den ebenso entmenschlichten wie gleichermaßen betörend schönen Figuren also im Modus einer Hochglanzästhetik nur ein artifizielles Leben eingehaucht? Für die Betrachterinnen und Betrachter bleibt diese Frage offen, was aber durch die Bewegung der Darstellung eine besondere Provokation darstellt.[9]

Louisa Clement ist mit ihrem künstlerischen Fragen nach der Verfassung des Menschen, nach einem zeitgemäßen Verständnis von Humanität sicher noch nicht am Ende. Schon jetzt zeichnet sich ab, dass sich ihre Arbeit innerhalb wie auch außerhalb des klassischen fotografischen

Bilderrahmens in einer neuen künstlerischen Bildform fortsetzt. Dabei geht es um Interaktion und Kommunikation mit künstlichen Menschen. Auch diese Interaktion erfolgt nicht leiblich, sondern in einem visuellen, gar virtuellen Raum, wobei die Roboter mithilfe künstlicher Intelligenz zu einem veritablen Gegenüber werden. Die Kunst von Louisa Clement spiegelt diese Wirklichkeit nicht, sie reflektiert sie, da nicht mehr klar ist, welche Wirklichkeit es ist, in der wir leben. Geht diese veränderte Realität nun auch mit einer Veränderung des Menschenbildes einher?

8 Bonnet 2017 (wie Anm. 6), S. 120.

9 Eine Art Mixtur zwischen *Avatar* (2016) und den Videos *not lost in you* (2017) bildet die von Letzteren abgeleitete Reihe *ohne Titel* – bestehend aus immerhin 80 × 45 cm messenden Stills, die 2017 als Unikate entstanden.

STEFAN GRONERT

New People?

Photographic

Transformations

in the Work of Louisa Clement

Louisa Clement's artistic education was primarily as a photographer, but her activity has not been confined to classical photography, at least not since she created her mirror objects in 2015. In this analysis of individual groups of photographic works, I shall seek to show how the artist has exhausted a limited, medium-specific concept of the two-dimensional photograph, and at times transformed it, and how this is the almost inevitable upshot of the contemporary sociopolitical questioning that her approach involves.

Let us begin with an apparently peripheral phenomenon. Even if, in the context of discussion of photography, it is tempting to pass over the question of pictorial content in favor of clarifying technical development, there is nonetheless one technical detail that should be covered first—because it is the hallmark of the artist's thoroughgoing conceptual approach. In contrast to many well-known photographers (Hiroshi Sugimoto, for example) who use a nineteenth-century plate camera, Clement employs not a large-format camera for high-resolution images but the camera on her smartphone, thus utilizing an everyday object to produce art. This sort of contemporaneity is already discernible in her on one's way series produced in 2012–13. She shows cut-out-like details of railway train interiors. With these abstracted views—not initially identifiable, but then becoming perceptible for what they are—we can talk of a transformation of the visual experience of everyday things. Sven Beckstette rightly draws attention to the way that Clement here has *"chosen perspectives and then edited the images in such a way that the details drawn from known reality dissolve into geometric, abstract compositions. And in the delicate pastel shades that reveal not only the artist's sensitivity to color but also how Clement's development started in painting before moving on to photography."*[1]

This painterly look, not at all uncommon in modern photographic history, is emphasized by the use of the smartphone camera and the resulting shallow depth of field of the picture. In this connection, it is also

1 Sven Beckstette, "Primat von Form und Farbe" (unpublished manuscript, Düsseldorf, 2015). Also see www.louisa-clement.de/work (accessed October 19, 2018).

important to recognize that Clement's photos are generally not the products of a quick, spontaneous act of image formation. It is particularly true of the early group of works *on one's way* that the image draws the viewer into contemplative consideration. This engagement with technology and its function would not change in the years that followed.

In looking at the subsequent works, it is important to keep in mind that Clement essentially operates in thematic groups or series of works. This is emphasized in an assertion from early 2018: *"My approach is as much conceptual as visual. I see my output as a network, made up of series and works, that grows denser with each item and traces an ever-deepening picture of our times."*[2]

This becomes apparent in the following fifty-five-part series *heads* (2014–15), which does not simply mark a crux in Clement's work at the thematic level. The heads depicted are those of shop-window mannequins. With these figures, determined above all by their arrangement and ordering, we are dealing with faceless apparitions, largely deindividualized and hence also sexless: no more than allusions to human beings. All the same, complete uniformity is fended off with various different colors, shapes, and outer surfaces of the objects, and with the startling variety of image sizes, so that one really can talk of anthropomorphic residues. These allusions to human appearances generate an emotional unease in the observer that strongly recalls the surreal tradition of the doll photographs of Hans Bellmer (1902–1975).

Fundamental to Clement's contemporary approach here is a serial presentation, and one that concentrates exclusively on the head. Precisely because of this, the sightless *heads* can ultimately be seen as the logical outcome of a society fixated on outward appearances. Here it becomes clear that human beings themselves have turned into goods—cost factors and asset values—and so the thematic approach of using shop-window mannequins is logical.[3]

2 Louisa Clement in the magazine of the festival Duesseldorf Photo 2018, p. 7.

3 See Alexander Kluth, "Wenn man sich selbst beobachten will, braucht man Differenz: Zur Serie Heads von Louisa Clement," in *Louisa Clement – déjà vu*, exh. cat. Paul-Clemen-Museum (Bonn, 2016).

This is continued in Clement's next series, *fracture* (2014). Here our attention is directed not to the heads of the mannequins but to their arms and hands. And *fracture* is not in the strictest sense a series, in that its pictorial organization is not focused on the central vertical axis, for the examination of various details brings in changing groupings, some of them seemingly ornamental. And switching between portrait and landscape formats has the same effect.

At this point, a short, more general digression on the photographic image seems appropriate. A classical conception of the medium, long-held and still accepted in everyday usage in the medium today, takes the photograph as a depiction or reflection of reality. But artistic photography cannot restrict itself to such a concept and, on the contrary, in some of its manifestations (Appropriation Art, for example) diverges so far from it that reality's reflection is reflected once again. But one cannot grasp Clement's approach through such a simple dichotomy, for it calls into question the conventional understanding of reality. It is also concerned with content, and only after that with the medium. Since *heads* Clement has been concentrating primarily on the theme of the body and the interlinked question of the boundaries of what is human. Where is the beginning of the artificial, and where does the idea of the human, its nature, cease? How are the shifts and changes in the human, the integration of artificial elements into human beings, to be comprehended? What social consequences result, or what conceptions of Man and of power are bound up in these changes?

Artificial interventions in the supposed "nature" of humans are not actually at all new; they have long been everyday occurrences, as we can see from a glance at, among many other things, our dentition, with its crowns and ultimate dental implants. And prostheses have been used for centuries to alleviate limitations on bodily mobility. The artificial heart (since 1969) is as little of an exotic one-off as the insulin pump for diabetics (since the 1990s), and it would not be difficult to list more examples. In recent years, though, interventions in the human body by technology and medicine have taken on a new quality, and as a result the question of the boundaries of the human has acquired an alarming prominence. In its extreme forms, or in visionary concepts, the classical human–machine opposition has been morphed into a hybrid form that focuses attention on the question of where humanity's borders lie.

The changes to the image of man that have been outlined can be fitted into the cultural-historical tradition of the search for a "new man" which began (at the latest) with the advent of Christianity, reaching a preliminary peak in fascism's totalitarian utopia and the October Revolution in Russia, before, via a broad theoretical discussion, continuing in the current technical modification of the human as a (disguised) ideological practice. That art has contributed in many ways to the history of this reflection of human existence is well-known, at any rate in the modern age.[4]

So how is the question of the altered image of the human that we have outlined articulated in the work of Clement? Is her explicit artistic purpose to raise questions about the interpersonal and about contemporary political topics in her work?[5] After radicalizing deindividualized heads to monochrome surfaces in the *portrait* series in 2015—in the form of city-light advertisement placards following the generally accepted CMYK color model (Cyan, Magenta, Yellow, and BlacK)—and thus quitting the photographic medium as narrowly defined, in the same year she went on to alter the form of pictoriality in the plastic work *transformationsschnitt* (Transformative Section, 2015).[6] The intensified question of the image of humanity led Clement, albeit with some difficulty, to give up photography.

In the *heads* series, we can already see that photographic optics are coupled with various forms of abstraction that concentrate largely on the

4 See *Der Neue Mensch: Obsessionen des 20. Jahrhunderts*, ed. Nicola Lepp et al., exh. cat. Deutsches Hygiene-Museum Dresden (Ostfildern-Ruit, 1999).

5 See the artist's statement in early 2018 (see note 2).

6 Anne-Marie Bonnet, "Der Blick der Amazonen? Bildnerische Kommentare von Louisa Clement," in *1917: In Erinnerung an Luise Straus-Ernst; Die Rekonstruktion ihrer Kriegsausstellung im Wallraf; Mit einer Reflexion von Louisa Clement*, ed. Thomas Ketelsen, exh. cat. Graphisches Kabinett des Wallraf-Richartz-Museum and Fondation Corboud (Cologne, 2017), pp. 116–21; Andreas Beitin, "Komplexere Desaster," in ibid., pp. 132–37, and his essay in this volume.

motif and on the elements of image size and image-capture technology. Radicalization is apparent in further photographic works. The *Avatar* group (2016) consists of large, strongly colored images. Even an art-historically ill-educated observer will not fail to see parallels with the dolls of Oskar Schlemmer (1888–1943). As so often happens, the reservoir of shattered utopias of modernism serves as a historical wrapper for the creativity of the contemporary artist.[7] The emphasis in the *fracture* group on details and extracts, for example, is radicalized along with the *Avatars*, so that the ever-changing composition hinders recognition of any reality beyond the image. At the same time, though, the seductive beauty of these sweeping, strongly colored forms on a black, seemingly placeless background creates an eerie effect, with the grouping of two or more figures suggesting a relationship of communication. It soon becomes clear that the anthropomorphic forms are not real people, but, once again, standing shop-window dummies. Their smooth, shiny surfaces, however, only evoke imaginings of (new) humans; they fail to show reality itself.

If in the *Avatar* series the figures largely dominate, and their context (or background) is only recognizable in a few places in the form of black planes, then in the next group, *Gliedermensch* (Limb Being, 2017), things have changed. Rather as in the *fracture* sequence, in these stretched-format images the concentration of motifs shifts away from the body and toward black arms and joints. The smoothness of their outer surfaces hints all the more at prostheses. To put it in pathetical terms, the forms seem as though *"almost completely dehumanized, nothing more than casings, as though soot-blackened or doused in pitch—hunted, marked by fate, wounded, despairing."*[8] The extracted and cut-out-looking forms emerge entirely through sidelighting. The theme of living together appears in some pictures in the group, particularly in the enigmatic interaction of hands.

7 See the seminal work on this subject: *Puppen, Körper, Automaten: Phantasmen der Moderne*, ed. Pia Müller-Tamm and Katharina Sykora, exh. cat. Kunstsammlung Nordrhein-Westfalen, Düsseldorf (Cologne, 1999).

8 Bonnet 2017 (see note 6), p. 120.

Following on from this, though even more clearly from the *Avatar* sequence, a little later on Clement developed the group **not lost in you** (2017), in which she deserted the medium of photography for short video loops. Here a tight-fitting reddish or black glove bearing a striking ornamental pattern on a white ground interacts with the shop-window mannequins from *Avatar*. In this confrontation with the moving hand, the figures—all at once seemingly lifeless—are slowly, now and then erotically, grasped and fondled. But how authentic, how human, is this moving hand? Is there a real human hand inside the glove, or is the scene digitally animated, thus making it just as dehumanized as the rather alluring and lovely figures, and thus in glossy-aesthetic mode, animated only by artificial life? For the viewer the question is left open, although the motion in the work is particularly unsettling.[9]

Louisa Clement has surely not yet pursued her artistic questions about the state of mankind and a contemporary comprehension of humanity to the very end. It is already becoming apparent that her work, both within and outside of the context of classical photographic images, is pressing on into a new sort of artistic image. This will involve interaction and communication with artificial humans. And this interaction will occur not physically but in a visual, even a virtual, space where artificial intelligence will help the robot to become a true counterpart. Louisa Clement's art does not reflect this reality, for it is no longer clear which reality it is that we are living in. Will this altered reality go hand in hand with a change in the idea of what is human?

9 The *ohne Titel* group is a sort of mélange of *Avatars* (2016) and the **not lost in you** videos (2017), deriving from the latter. It consists of stills with dimensions of at least 80 × 45 cm, created in 2017 as unique pieces.

JANA BAUMANN

Mixed Reality

Louisa Clements reflexive Grenzgänge

Eine Bildwelt von futuristischer Anmutung eröffnet sich erstmalig bei Louisa Clements Werkreihe *heads* (2014/15) mit den rätselhaften Spiegelungen auf den Flächen nichtmenschlicher Köpfe mit unscharfen Konturen. Monochrome Hintergründe forcieren das Gefühl einer nicht definierbaren, unbestimmten Örtlichkeit, künden jedoch von anziehenden Möglichkeitsräumen. Ausgehend von der Beziehung zwischen Figur und Raum bezieht sich Clement einerseits auf die frühe Moderne, wo bereits die Figur als Abstraktion des menschlichen Körpers, als dessen plastischer Stellvertreter, genutzt wurde.[1] Andererseits lässt sich die von ihren Bildern ausgehende irritierende Qualität insbesondere auf die Machart zurückführen, die eine digital bearbeitete Aufnahme erahnen lässt. Die von ihr gewählten leblosen Figuren wie bei *head I* (2014, S. 13–24, vgl. Abb. 1, S. 131) fungieren als entfremdete Stellvertreter und werden zu Ikonen in einer digitalisierten Welt stilisiert, die neue Kulturtechniken, Codes und Denksysteme hervorgebracht hat. Gewinnen die gesichtslosen Gesichter in ihrer seriellen Erscheinung als geschlechtslose Identifikationsfiguren in einer postindustriellen, durchkommerzialisierten Gegenwart an hoher Brisanz in Bezugnahme auf den Menschen als Material wie auch die Politiken von Körper, Herkunft und Macht.[2]

Gleichermaßen wie in den Serien *Avatar* (2016) oder *Gliedermensch* (2017, vgl. Abb. S. 28–33) dienen Schaufensterpuppen aus Kaufhäusern als motivische Vorlage für die Ablichtung durch die Kamera eines Smartphones, was die völlig gewandelten Produktionsbedingungen zur Erzeugung einer fotografischen Abbildung verdeutlicht. Clement reflektiert hiermit insbesondere auch den radikal veränderten Anwendungsbereich des Mediums Fotografie, dessen Integration in Mobilgeräte mit Computerfunktionalität quasi einer materiellen Auflösung gleicht.[3] Aufgrund konsumentenfreundlicher Bedienung sind digitale Manipulationsmöglichkeiten

1 So entwickelte der Bauhaus-Lehrer Oskar Schlemmer für sein *Triadisches Ballett* Figuren als menschliche Stellvertreter, die Bestandteil einer abstrakten Formensprache für eine neue, harmonische Lebenswelt sein sollten.

2 Weitere Ausführungen bei: Hannah Black, »Soziales Leben«, in: *Texte zur Kunst*, 98, Juni 2015, S. 164–175.

3 Clemens Jahn, »Fotografie nach der Fotografie nach der Fotografie«, in: *Texte zur Kunst*, 99, September 2015, S. 121–131.

zum Standard geworden, wodurch sich unsere gesamte Kommunikationskultur global gewandelt hat. Diese eminenten Folgen für einen Realitätsbegriff der Gegenwart und dessen Auswirkungen auf unsere Lebenswelt macht Clement zur zentralen Fragestellung ihrer bisherigen künstlerischen Arbeit.

Als Ausgangspunkt hat Clement den Status quo digitaler Bildproduktionen gewählt und wirft in ihren Bildschöpfungen eben nicht nur die Frage nach der Aufhebung der analogen Fotografie auf, sondern forciert die Diskussion über die Funktion des Bildes vor dem Hintergrund der Digitalisierung. Die Fotografie ist zum Bestandteil alltäglicher kommunikativer Interaktion geworden, aber welche Art von Informationen durch das Medium tatsächlich transportiert und welche Interessen repräsentiert werden, bleibt oftmals unkommentiert. Mit ihrem Ansatz verortet sich Clement, auch wegen ihres Studiums an der Düsseldorfer Akademie, einerseits in der dortigen Tradition zu Überlegungen von einer medienvermittelten Realität und reflektiert andererseits völlig neuartige Rezeptionsmuster.[4]

Die in ihren drei genannten Werkgruppen ähnlich gestalteten Bildkonstruktionen mit dem Motiv anonymer Puppen in menschlicher Gestalt dienen als Nukleus zur Verortung des Menschen in einer digitalisierten Lebenswelt. Die Figuren in der Serie *Avatar* bestehen aus einfarbigem Fiberglas in zarten Pastelltönen wie Rosa, Gelb oder Grün. Immer zwei bis drei Figuren wurden in einer Komposition arrangiert, und durch die gewählte Perspektive sind ausschließlich Detailaufnahmen der Figurengruppen und ihrer Gliedmaßen zu sehen. Die meist androgynen Körper stehen im Mittelpunkt und wirken in ihrer poppigen Farbigkeit vor dem nachträglich veränderten schwarzen Hintergrund wie ein Motiv aus kommerziellen Bildwelten von Pop- und Werbekultur entlehnt. Allerdings vermitteln die Puppen keine verkaufsorientierte Botschaft. Vielmehr vollzieht

4 Die vermeintliche Annahme einer unumstößlichen Verbindung von Fotografie und Wahrheitsanspruch ist durch eine systematische Dechiffrierung konstruierter Bildkonstellationen bereits durch die Schüler von Bernd und Hilla Becher widerlegt worden, ebenso wie die funktionelle Begrenzung auf die Dokumentation von Realität. Vgl. Jana Baumann, »Die frühen Jahre der Becher-Klasse. Eine Widerentdeckung der Fotografie in Düsseldorf«, in: *Fotografien werden Bilder. Die Becher-Klasse*, hrsg. von Martin Engler, Ausst.-Kat. Städel Museum, Frankfurt, München 2017, S. 40–47.

Clement eine Umkehrung der bildlichen Sinnzuschreibung, wobei der menschliche Stellvertreter nicht als eine Wiedergabe von Wirklichkeit, sondern ihrer Simulation fungiert. Es ist keine Werbeinformation zu einem Massenprodukt ablesbar, was die Assoziation des Betrachters ins Leere laufen lässt. Zugleich führt dieser Akt aber zur Offenlegung kultureller Strategien, denn der Mensch selbst wird hierbei zum identitätslosen Konsumobjekt erklärt – eine Auslöschung des Subjekts proklamiert. Letztlich führt uns die Künstlerin mittels ihrer hyperdigitalen Bildästhetik, erzeugt durch eine komplexe Lichtregie und manipulative Bildbearbeitung, in neue Handlungsräume. Der Titel der Serie – *Avatar* – verweist auf eine seit den 1990er-Jahren sich etablierende Bezeichnung für ein künstliches Abbild des Menschen in der virtuellen Welt und den sozialen Medien. Es ist ein Link zur virtuellen Selbstrepräsentation, die jedoch eine enorme Diskrepanz zur Realität aufwirft. Eben dieser Widersprüchlichkeit widmet Clement ihre Aufmerksamkeit und befasst sich mit den wandelnden gesellschaftlichen Techniken.

Dem Menschen bleibt in den digitalen Räumen und seinen sozialen Foren eine bewusste Wahrnehmung vorenthalten. So werden in der Serie *not lost in you* (2017, vgl. Abb. S. 36–41) die einstigen Puppen performativ mit einer realen Hand und durch einen menschlichen Körper berührt und abgetastet. Der fehlende körperliche Kontakt wird exemplifiziert.

Bereits in einer ihrer frühesten Serien *portrait* nutzt Clement fotografierte Details von Körperpartien mit teilweise auffälliger Kleidung bedeckt, wie Leopardenmuster. Die in ihrer Ästhetik an online gepostete Beiträge erinnernder, ausschnitthafter Bilder geben jedoch die zur Schau gestellte Person nicht preis. Die Arbeiten tragen Titel wie *liked* (2013, vgl. Abb. 2, S. 131) und verdeutlichen das Spiel um die Abwesenheit trotz einer Anwesenheit. Die Gunst der öffentlichen Anerkennung und das Fetischisieren vom eigenen Äußeren mittels der neuen Technologien wird hierbei ad absurdum geführt. Hingegen wird auf das veränderte, nichtauthentische Körperbewusstsein, die Verschönerung des Selbst, verwiesen.

Der Philosoph Michel Serres hat in seinem Essay *Erfindet euch neu!* den Begriff vom »Däumling« eingeführt.[5] Die Berührung mit der eigenen Haut und dem Display führt die Verbindung der virtuellen und realen Welt herbei. Dieser Moment wird zu einer ikonischen Handlung, die neuartige

Spekulationen über die Verbindung von Mensch und Maschine eröffnet.[6] Im Kontext der rasanten Entwicklungen neuer Technologien und einer digitalen Revolution ist das Verwachsen von Körper und Technik eine höchst brisante Grenzerfahrung. Aus diesem spezifischen Verhältnis von Innen und Außen, zwischen Selbst- und Außenbezug entsteht ein scheinbar nicht mehr differenzierbares Wechselspiel. Clement thematisiert das Phänomen in ihrer neuen Arbeit, *Schmerzraum* (2018, vgl. Abb. 3, S. 131), auf eindrucksvolle Weise. Dem unaufhaltsam angestrebten Fortschritt von Wissenschaft und Technik gemäß und einer vorwiegend durch Computerisierung gesteuerten Gesellschaft bedient sich Clement einer der aktuellsten medizinischen Errungenschaften: der »E-dermis«. Hierbei handelt es sich um eine künstliche, elektronische Haut, die an der Johns Hopkins University in Baltimore entwickelt worden ist, um Menschen mit Prothesen ein Gefühl beim Berühren von Dingen – einen Tastsinn – wieder einzuverleiben. Das Empfinden von Schmerz und Lust, gleichermaßen ureigene Charakteristika von Lebewesen, werden hiermit simulierbar und auch für eine künstliche Intelligenz nutzbar. Clement verkleidet einen ganzen Raum mit dieser künstlichen Haut und erzeugt auf diese Weise abermals eine Umkehrung der Ordnungen und Verhältnisse. Sie konfrontiert uns mit den radikalen Bedingungen und Konsequenzen der Verquickung von gegenwärtigen Gesellschafts- und Körpertechnologien. Die Konzeption des Menschseins wird hierbei befragt und herausgefordert, denn was sind die Folgen einer Auslagerung unseres Bewusstseins? Was passiert, wenn Computertechnologien in den menschlichen Organismus implantiert werden? All diese möglichen Vorgänge waren Bestandteil spekulativer Zukunftsvisionen in literarischen oder cineastischen Genres und haben zu einer eigenen philosophischen Gattung – dem Posthumanismus[7] – geführt, aber diese Ereignisse sind längst Realität.

5 Vgl. Michel Serres, *Erfindet euch neu! Eine Liebeserklärung an die vernetzte Generation*, Berlin 2013.

6 Die von Susanne Pfeffer kuratierte Ausstellung *Inhuman* und das gleichnamige Symposium im Fridericianum (2015) haben in den bildenden Künsten bereits die Debatte angestoßen, inwiefern sich die menschliche Lebenswelt und das menschliche Selbstverständnis durch die neuen Technologien im digitalen Zeitalter verändert haben und verändern können.

7 Vgl. Stefan Herbrechter, *Posthumanismus. Eine kritische Einführung*, Darmstadt 2009.

Die ethischen Selbstzweifel treibt Louisa Clement mit ihrer jüngsten Virtual-Reality-Arbeit **aporias** (2018) auf den Höhepunkt, wenn der Besucher einer künstlichen Spezies – Clements Erfindung des Gliedermenschen – begegnet und mittels eines Algorithmus mal Wahrheit und mal Lügen als Antworten auf seine Fragen im Gespräch mit dem digitalen Wesen erhält. Das Werk von Louisa Clement sucht die schonungslose Konfrontation mit der menschlichen Seinsfrage im digitalen Zeitalter – offen bleibt, ob die Überwindung des Menschen oder das Menschliche gewinnt.

JANA BAUMANN

Mixed Reality: Louisa Clement's Reflexive Border Crossings

A futuristic-seeming pictorial world first opens up in Louisa Clement's series *heads* (2014–15), with its enigmatic reflections on the surfaces of nonhuman heads with blurred contours. Monochrome backgrounds intensify the feeling of a vague, undefined location but also herald attractive spaces of potential. To judge from the relationship between figure and space, Clement relates on the one hand to early modernity, where the figure was already being used as an abstraction of the human body: as its plastic representative.[1] On the other hand, the unsettling quality that her paintings emanate can be traced chiefly to the style, which suggests a digitally processed image. The inanimate figures she chooses, as in *head I* (2014, pp. 13–24 see fig. 1, p. 131), function as alienated proxies and are stylized into icons in a digitized world that has spawned new cultural technologies, codes, and systems of thought. The featureless faces repeatedly appearing as sexless identification figures in a postindustrial, highly commercialized present generate an explosiveness in terms of humans as material and of the politics of body, origin, and power.[2]

Just as in the *Avatar* series (2016) or *Gliedermensch* (Limb Being, 2017, pp. 28–33), mannequins from department store windows serve as a basic motif for reproduction via a smartphone camera, thus demonstrating the completely different conditions that creating a photographic image involves. In particular, Clement reflects on the radically changed scope of the photographic medium: how its integration into mobile devices endowed with computer functions is more or less equivalent to a metamorphosis.[3] User-friendly controls have made digital operation the norm, transforming our entire global communications culture. These crucial consequences for a contemporary concept of reality, and its effects on the world we live in, caused Clement to question the fundamentals of her previous artistic work.

1 The Bauhaus teacher Oskar Schlemmer developed figures for his *Triadisches Ballett* (Triadic Ballet) in this manner, as human proxies intended as part of an abstract formal language for a new, harmonious environment.

2 Further information in Hannah Black, "Soziales Leben," *Texte zur Kunst* 98 (June 2015), pp. 164–75.

3 Clemens Jahn, "Fotografie nach der Fotografie nach der Fotografie," *Texte zur Kunst* 99 (September 2015), pp. 121–31.

Clement took as her starting point the status quo of digital image production, and in her creations she not only raises the question of the extinction of analogue photography but also pursues the debate about the function of the image in the context of digitization. Photography has become part of everyday communication and interaction, but what type of information is actually conveyed via the medium, and what interests are represented, is seldom scrutinized. Clement's approach, along with her studies at the Düsseldorf Academy, on the one hand, place her in the local tradition of pondering a media-mediated reality and, on the other, reflect completely new patterns of perception.[4]

In her three groups of works already mentioned, the constructed images, similarly composed with their motif of anonymous human-shaped dummies, serve as the starting point for locating humans in a digital environment. The figures in the *Avatar* series are made of monochrome fiberglass in soft pastel shades like pink, yellow, or green. Two or three figures have always been arranged in a composition, and, due to the chosen viewpoint, only detail shots of the groups and their limbs can be seen. The largely androgynous bodies take center stage, and their trendy colorfulness, set against the retrospectively altered black background, evokes a resemblance to a motif borrowed from the commercial worlds of pop and advertising culture images. But the dummies are not conveying a sales-oriented message. Rather, Clement is reversing the meaning of the images: the substitute human is acting as a reflection not of reality but of its simulation. Nothing that advertises a mass-market product is detectable, which nullifies the viewer's associations and assumptions. But at the same time this act leads to cultural strategies being laid bare: man himself is declared an identityless consumer object, and extinction of the subject is being proclaimed. Ultimately, with her hyperdigital image

4 Automatic acceptance of an irrefutable connection between photography and truth has already been refuted through the systematic deciphering of constructed picture constellations by the students of Bernd and Hilla Becher, as also has photography's functional limitation to documenting reality. See Jana Baumann, "The Early Years of the Becher Class: A Rediscovery of Photography in Dusseldorf," in *Photographs Become Pictures: The Becher Class*, exh. cat. Städel Museum, Frankfurt am Main (Munich, 2017), pp. 40–47.

aesthetic, achieved through complex lighting control and manipulative image editing, the artist is leading us into new areas of interaction. The title of the series, *Avatar*, refers to a term that has become established since the 1990s for an artificial image of a human in the virtual world and in social media. It is a link to self-representation in the virtual world, but it raises a huge discrepancy with reality. Clement turns her attention to precisely this contradiction and focuses on changing social techniques.

Conscious and mindful perception is denied to human beings in the digital world and its social forums. Hence, in the *not lost in you* series (2017, pp. 36–41) the former puppets are touched and palpated performatively with a real hand on a human body. This exemplifies the missing physical contact.

In one of her earliest *portrait* series, Clement had already made detail photographs of body parts covered with sometimes eye-catching clothing like leopard prints. But these images, resembling cutouts or clippings and aesthetically reminiscent of articles posted online, do not reveal the person depicted in their entirety. The works have titles such as *liked* (2013, fig. 2, p. 131) and illustrate the play on absence despite presence. They reduce to absurdity the self-esteem derived from public recognition and the fetishizing of one's own appearance by means of the new technologies, and conversely they comment on the changed, fake body consciousness and self-embellishment.

In *Petite Poucette*, French philosopher Michel Serres introduced the concept of "Thumbelina."[5] Contact between one's own skin and the touchscreen fosters a connection between the virtual and real worlds. This moment becomes an iconic act that opens up new speculations about the relationship between man and machine.[6] Against a background of the dynamic development of new technologies and of a digital revolution,

5 See Michel Serres, *Thumbelina: The Culture and Technology of Millennials*, trans. Daniel W. Smith (Lanham, MD, 2015).

6 The exhibition *Inhuman*, curated by Susanne Pfeffer, and the eponymous symposium at the Fridericianum, Kassel, in 2015 have already initiated the debate, insofar as the human world and human self-image have changed, and can change further, because of the new technologies of the digital age.

the growing together of body and technology is a highly controversial borderline experience. Out of this specific relationship between inside and outside, between self and environment, emerges an interplay that no longer seems to differentiate. Clement addresses this phenomenon impressively in her new work *Schmerzraum* (Space of Distress, 2018, fig. 3, p. 131). In tune with the ever-advancing progress in science and technology and a predominantly computer-driven society, Clement makes use of one of the most up-to-date medical achievements: "e-dermis." This is an artificial electronic skin developed at Johns Hopkins University in Baltimore for people with prostheses; its purpose is to restore feeling when they handle things—to give them back a sense of touch. The sensations of pain and pleasure, both unique characteristics of living beings, can be simulated here and made usable by artificial intelligence. Clement papers a whole room with this artificial skin, thus once more ccreating a reversal of orderliness and conditions. This brings us up against the radical criteria and consequences involved in amalgamating current society and body technologies. The concept of being human is questioned and challenged. What are the consequences of outsourcing our consciousness? What happens when computer technologies are implanted into the human organism? These possibilities have figured in speculative visions of the future in literature or the cinema and have led to a separate philosophical genre (posthumanism),[7] but they have long since become reality.

Louisa Clement takes ethical self-doubt to a climax in her latest virtual reality work *aporias* (2018). Here, the visitor encounters an artificial species—her invention of the Gliedermensch—and receives, in conversation with the digital being, answers to his questions that, determined by an algorithm, are sometimes truthful and sometimes not. Louisa Clement's work relentlessly seeks to confront the question of human existence in the digital age. Whether the outcome will be the conquest of man or the victory of humanity remains an open question.

7 See Stefan Herbrechter, *Posthumanismus: Eine kritische Einführung* (Darmstadt, 2009).

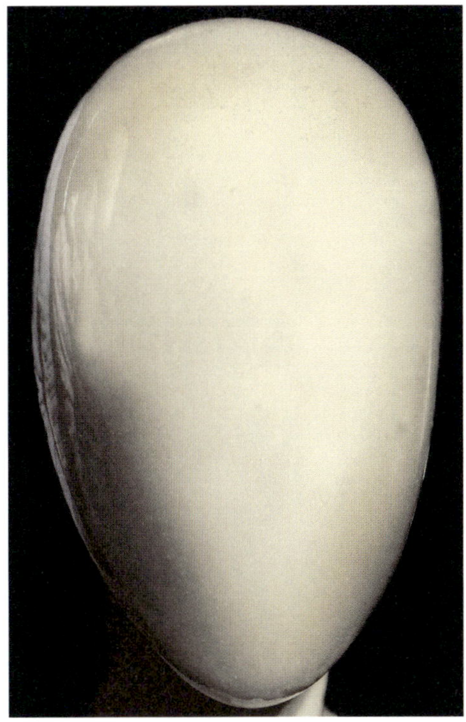

Abb. 1 / Fig. 1

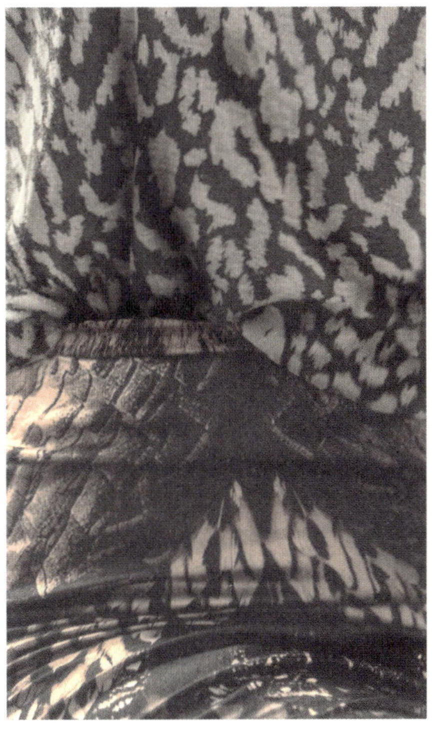

Abb. 2 / Fig. 2

Abb. 3 / Fig. 3

ANDREAS BEITIN

Absenz meinende Präsenz

Zur Paradoxie des Körperlichen in der Kunst

Eng verbunden mit dem Körperlichen und dessen Eliminierung ist die Geschichte der politischen Kunst. So zeigte etwa zu Beginn des 19. Jahrhunderts Francisco de Goya mit seiner Grafikserie *Desastres de la Guerra* (1810 – 1814), mit welcher unmenschlichen Grausamkeit die Körper der politischen Gegner gefoltert, verstümmelt und schließlich eliminiert worden sind. Gut einhundert Jahre später hat Pablo Picasso 1937 mit dem Monumentalgemälde *Guernica* sicherlich das bekannteste Antikriegsbild des 20. Jahrhunderts geschaffen. Er reagierte damit unmittelbar auf die Zerstörung der alten baskischen Königsstadt durch eine deutsche Fliegerstaffel, bei der mehrere Hundert Menschen getötet wurden. Wie zeitlos gültig und wirkmächtig dieses Gemälde auch noch im 21. Jahrhundert ist, zeigte sich, als die textile Reproduktion des Gemäldes, die im Hauptgebäude der Vereinten Nationen in New York hängt, im Februar 2003 verhüllt wurde, während der damalige US-amerikanische Außenminister Colin Powell und der Chef der UN-Waffeninspekteure Hans Blix vor den internationalen Medien ihre Strategien zu einem möglichen Krieg gegen den Irak erklärten. Da man ihre Erläuterungen vor dem Antikriegsbild mit seinen schreienden Opfern als unpassend empfand, versteckte man das Bild – und damit die Repräsentation der attackierten Körper der Opfer – kurzerhand hinter blauem Stoff mit UN-Symbol. Die Körper der Kriegsopfer wurden somit ein zweites Mal, diesmal indirekt, eliminiert.

Vor allem ab 1950 wurde vor dem Hintergrund des Zweiten Weltkriegs, des Kalten Kriegs und anderer weltweiter militärischer Konflikte die Bandbreite der politisch motivierten Kunstwerke immer umfangreicher, wobei der versehrte oder zerstörte Körper der Opfer meist im Mittelpunkt der Darstellungen steht. Während Susan Sontag im Zusammenhang mit der ersten, medial erfahrbaren Kriegsberichterstattung aus Vietnam von einer *»neue[n] teleintime[n] Nähe von Tod und Zerstörung«*[1] sprach, schufen Künstlerinnen und Künstler wie etwa die US-Amerikanerin Martha Rosler Kunstwerke, welche die Körper der Opfer des Vietnamkriegs bildlich mittels Collagetechnik in die heile Welt der westlichen Konsumbürgerinnen und -bürger holte.[2]

1 Susan Sontag, *Das Leiden anderer betrachten* [2003], übers. von Reinhard Kaiser, München und Wien 2003, S. 28.

2 Martha Rosler, *House Beautiful: Bringing the War Home*, 1967 – 1972, 20-teilige Fotomontage-Serie.

»Der Tod ist ein Meister aus Deutschland«, heißt es vielzitiert in der *Todesfuge* (1944/45) von Paul Celan. Auch was die Entwicklung von Giftgas angeht, trifft dies leider zu: Seit dem Beginn des 20. Jahrhunderts haben deutsche Wissenschaftlerinnen und Wissenschaftler sowie deutsche Unternehmen sich ehrgeizig bei der Entwicklung dieser Kampfstoffe engagiert. Dabei war auf deutscher Seite unter anderem der Chemiker Fritz Haber für die Entwicklung von Giftgas verantwortlich, das erstmals bei Kampfhandlungen eingesetzt wurde. Der in Breslau geborene Haber war seit 1894 an der Technischen Hochschule Karlsruhe tätig, zuletzt als Professor für Physikalische und Elektrochemie, bevor er 1911 Direktor des Kaiser-Wilhelm-Instituts für Physikalische Chemie und Elektrochemie in Berlin wurde. Dort begann er nach Ausbruch des Ersten Weltkriegs seine Versuche mit Chlorgas.[3] Es war nicht zuletzt auch der Einsatz von Giftgas, der seinerzeit die sich rasant entwickelnde Luftaufklärung notwendig machte, denn nur aus der Höhe konnten die Netzwerke der Schützengräben mit den Körpern der gegnerischen Armee, die Positionen von Geschossbatterien und der Giftgasgeneratoren lokalisiert werden.[4] Vor allem der letzte Aspekt machte die Luftaufklärung während des Ersten Weltkriegs außerordentlich notwendig. Durch den erstmaligen Einsatz von Giftgas an der deutschen Westfront 1915 wurde eine wesentliche Änderung hinsichtlich der Strategie der Kriegsführung deutlich, die *»nicht mehr auf den Körper eines Feindes [abzielte], sondern auf dessen Umwelt«*, so Peter Sloterdijk.[5] So erfolgte *»die Entdeckung der ›Umwelt‹ [...] in den Schützengräben des Ersten Weltkrieges, in denen die Soldaten beider Seiten sich für die ihnen zugedachte Gewehr- oder Brisanzmunition so weitgehend unerreichbar gemacht hatten, daß das Problem des Atmosphären-Krieges prägnant werden mußte«*.[6]

3 Wenige Tage nach dem ersten deutschen Giftgaseinsatz am 22. April 1915 in Ypern erschoss sich Habers Frau, Clara Immerwahr, mit der Dienstwaffe ihres Mannes. Auf Grundlage der Forschungsergebnisse von Haber wurde später das Giftgas Zyklon B entwickelt, das dazu verwendet wurde, während des Zweiten Weltkriegs den Genozid an den Juden und die Morde an anderen Menschen durchzuführen.

4 Ursula Powys-Lybbe, »The Art of Interpreting Aerial Photographs in Wartime«, in: *The View from Above. 125 Years of Aerial Photography*, hrsg. von Rupert Martin, Ausst.-Kat. The Photographer's Gallery, London 1983, S. 34.

5 Peter Sloterdijk, *Luftbeben. An den Quellen des Terrors*, Frankfurt am Main 2002, S. 12.

6 Ebd., S. 15.

Obwohl spätestens ab 1925 der Einsatz von Giftgas durch das Genfer Protokoll weltweit geächtet worden ist, haben sich zahlreiche Nationen nicht gescheut, diesen grausamen Kampfstoff immer wieder zu verwenden. Auch deutsche Unternehmen verdienten dabei über Jahrzehnte sehr gut an dem Geschäft mit dem Tod. So wurde beispielsweise das Giftgas Sarin bei der I. G. Farben in Deutschland produziert und genau wie das von Haber entwickelte Senfgas zunächst zur Eliminierung von Insekten, dann aber während des Zweiten Weltkriegs auch als unsichtbare Waffe gegen Menschen eingesetzt.[7]

Den meisten Antikriegskunstwerken ist gemein, dass sie sich mit den zu kritisierenden Handlungen und Objekten bzw. Themen auf einer theoretisch-visuellen Ebene auseinandersetzen, das heißt die unterschiedlichsten Desaster und Problemfelder bildlich repräsentieren und dadurch kritisch reflektieren. Nur wenige Künstlerinnen und Künstler verwenden im Rahmen ihrer Kunstwerke oder Installationen die Objekte und Materialien des Kriegs, mithin des Todes, selbst. Eine ungewöhnliche Ausnahme stellt die installative Arbeit **transformationsschnitt** (2015) von Louisa Clement dar. Für ihre Arbeit, die formal betrachtet wie ein Hybrid aus Minimal und Land Art erscheint, hat sie das Giftgas Sarin verwendet, das unter anderem in Syrien von Diktator Assad gegen die eigene Bevölkerung eingesetzt worden ist. Es handelt sich logischerweise nicht um das im Bürgerkrieg verwendete Gas selbst, sondern um solches, das an Syrien zunächst geliefert und dann von der UN unschädlich gemacht wurde. Rund 600 Tonnen Chemikalien, die zur Herstellung von Giftgas hätten genutzt werden können, wurden Assads Regime abgenommen und zunächst auf dem US-amerikanischen Spezialschiff Cape Ray unschädlich gemacht. In Deutschland wurden anschließend die tödlichen Strukturen des Gases in Spezialöfen bei über 1.300 Grad Celsius zerstört und in Glas eingeschmolzen. Diese braunschwarz schimmernden Glasbrocken, die ansonsten im

7 Der Name Sarin wurde aus den (Anfangs-) Buchstaben der Nachnamen derjenigen Wissenschaftler gebildet, die an der Entdeckung und an der großtechnischen Entwicklung beteiligt gewesen sind: Schrader, Ambros, Ritter und von der Linde, Letzterer war der Leiter des Heeresgasschutzlaboratoriums in Berlin-Spandau, wo das Giftgas weiterentwickelt worden ist. (https://de.wikipedia.org/wiki/Sarin [gelesen am 30.10.2018])

Straßenbau eine Verwendung gefunden hätten, hat Clement für ihre Kunst entdeckt. Für die in ihrer Form variable Installation dieser Arbeit verwendete sie bisher bis zu acht Tonnen von diesem Material; meist nüchtern zu abstrakten geometrischen Formen arrangiert. Die teils klobigen, mit zackigen Bruchkanten versehenen Glasstücke unterschiedlichster Größe breiten sich geradezu unverdächtig vor den Betrachtern aus. Man könnte sie für kostbare Hinterlassenschaften einer fremden Kultur halten, denn ihre Materialität erscheint ungewöhnlich; auch ließe die keinen rechten Zusammenhang ergebende Menge der Brocken eine vermeintliche Funktion der ursprünglichen Masse völlig im Dunkeln. Im Grunde ist es eine sehr ästhetische Präsentation, wenn nicht das Wissen um die ehemals tödlichen Gase, die, ähnlich wie radioaktiver Abfall, in Glas eingeschmolzen wurden, die Vielzahl an grausamen Bildern im Kopf aufsteigenden ließen, die von den Opfern in den Medien immer wieder zu sehen sind. Die massive körperliche Präsenz der Glasbrocken steht dabei in größtmöglichem Gegensatz zu den ausgelöschten Körpern der Menschen, die dem Gas zum Opfer gefallen sind. Bei transformationsschnitt geht es neben der Thematisierung der politischen Aspekte also vor allem auch um die Präsenz und gleichzeitige Absenz des Körperlichen. Diese künstlerische Strategie durchzieht das Werk von Clement wie ein roter Faden und ist dementsprechend auch in einigen weiteren Serien wie etwa fracture (2014), heads (2014/15) und Avatar (2016) festzustellen. *»Den Themenkomplex Technik–Mensch sehe ich ziemlich politisch; vor allem die Entkörperlichung finde ich schon sehr spannend, wogegen ich mit meinen Arbeiten angehe«*, so Clement.[8] Das Fehlen von Körpern, gemeint ist tatsächlich die Absenz von menschlichen Individuen, wird durch ihr gänzliches Fehlen – wie beispielsweise auch in der Fotografie-Serie on one's way (2013) – als wichtiges Thema in Clements Werk besonders deutlich. In der gekonnten künstlerischen Inszenierung dieser Absenz ist eine der großen Stärken ihres Werks zu sehen.

Auch auf einer anderen Ebene ist die scheinbare Widersprüchlichkeit zwischen Präsenz und Absenz in Fotografien von Objekten zu finden, die ebenfalls aus dem Bereich der Kriegsführung bzw. des Gewalttätigen

8 Louisa Clement im Gespräch mit dem Autor, Bonn, 26.10.2018.

stammen, wie etwa in der Serie *Weapon* (2017). Dazu gehören unter anderem Fotografien von Waffenkästen, die in ihrer Ausschnitthaftigkeit nahezu abstrakt dargestellt sind; aufgrund dieser annähernden Ungegenständlichkeit ist ihr Zweck kaum nachvollziehbar. Im Gegensatz etwa zu den drastischen Darstellungen Goyas, der die erhängten und verstümmelten Opfer des Kriegs unmittelbar zeigt, wäre es heutzutage redundant, wenn die Kunst sich der dokumentarischen Drastik der Presse oder der Flut der im Internet verbreiteten Gräuelbilder bediente oder ihnen in Sachen Grausamkeit nacheiferte. Genauso abstrakt wie die Installation *transformationsschnitt* mit dem unschädlich gemachten Giftgas oder den Darstellungen von Waffenkästen sind auch die realen Kriegsgeschehen für die meisten Menschen nicht vorstellbar. Auch wenn heute so viel und so zeitnah wie nie zuvor über Tod, Terror, Mord und Zerstörung durch Texte und Bilder über die Medien informiert wird, genau so unvorstellbar bleibt dennoch das Leid der unmittelbar betroffenen Menschen. Clement verfällt in ihren Arbeiten nicht der simplen Bildrhetorik expliziter Darstellungen realer Fakten; sie arbeitet nicht mit heruntergeladenem Bildmaterial aus Kriegsgebieten und Darstellungen von Toten und Verletzten. Durch das Fehlen der Waffen in den von ihr abgelichteten Aufbewahrungsmodulen ist die Absenz des Körperlichen in den Fotografien der Waffenkästen dennoch von einer Drastik, sowohl durch die Ästhetik der obszön glänzenden Displays als auch durch die Assoziationen, die mit dem potenziellen In-Gebrauch-Sein der Waffen einhergeht.

Auch die neueste Installation von Clement thematisiert das Körperliche in seinem ambivalenten Dasein zwischen Präsenz und Absenz: Mit dem *Schmerzraum* (2018) hat sie ein begehbares Environment in der Größe von etwa 360 cm Höhe, 450 cm Länge und 125 cm Breite geschaffen.[9]

9 Louisa Clements *Schmerzraum* ist eine Referenz auf Joseph Beuys' Environment *hinter dem Knochen wird gezählt Schmerzraum* (1983; Bleiplatten auf Stahlkonstruktion, zwei Silberringe, eine Glühbirne; 295 × 545 × 735 cm; Caixa Forum, Barcelona), bei dem der komplette Raum mit Bleiplatten ausgekleidet ist. Auch bei der Installation von Beuys gibt es (absente) körperliche Komponenten, denn der eine Silberring hat in etwa den Umfang eines Kinderkopfes, der andere den eines Erwachsenenkopfes. Während der Silberring des Kindes das Leben symbolisiere, stehe der des Erwachsenen für den Tod, so Heiner Stachelhaus (ders., *Joseph Beuys*, München 1993, S. 199 f.).

Die Wände des Raums sind vollkommen bespannt mit einem Hightech-Gewebe, einer sogenannten »E-dermis«. Dieses, elektrische Impulse leitende Gewebe wurde von der US-amerikanischen Johns Hopkins University in Baltimore entwickelt, um Prothesenträgerinnen und -trägern Tast- und Schmerzsinn in den fehlenden Extremitäten wieder erfahrbar zu machen.[10] Einerseits ist die längliche, korridorartige Rauminstallation komplett leer, andererseits »umgeben« den Eintretenden hautflächenmäßig rund 21 Körper, wenn man davon ausgeht, dass die »E-dermis« menschliche Haut nachahmt.[11] Auch wenn der graue Stoff eine sehr technische Haptik hat, so fühlt es sich dementsprechend beinahe beklemmend an, sich das Gewebe in menschliche Haut und entsprechende Körper »übersetzt« vorzustellen. Die »Körper«, das heißt der Stoff, dürfen berührt werden, wodurch rein hypothetisch eine elektrische Reizübertragung ausgelöst wird. Diese bleibt jedoch ohne Resonanz, wobei es unerheblich ist, ob die Betrachterinnen und Betrachter um die Wirkungslosigkeit ihrer Berührungen wissen oder nicht, denn es geht Clement in erster Linie um die zunehmende Diskrepanz zwischen dem Agieren realer Körper, also Individuen, in einer realen Welt – was auch immer man darunter verstehen mag – und den Auswirkungen von Handlungen realer Individuen in einer digitalen, mithin virtuellen Welt. Aufgrund der rasanten Entwicklung im Digitalen werden die Handlungsfelder und Aktionsbereiche immer umfangreicher, wobei die Grenzen zwischen Illusion und Realität dabei zunehmend verwischen. Im Zusammenhang mit dem eingangs angerissenen Thema der Eliminierung des Körperlichen im Kontext kriegerischer Handlungen könnte man hierzu als lebensweltliches Beispiel die Problematik einer »*Playstation-Mentalität beim Bedienungspersonal*«[12] von Kampfdrohnen anführen; da sich

10 Siehe hierzu: http://releases.jhu.edu/2018/06/20/e-dermis/ [gelesen am 30.10.2018].

11 Bei der Größe des Raums (bei zwei Wandflächen und einer Stirnwand) beträgt die mit der »E-dermis« bespannte Oberfläche ca. 36,9 m². Die durchschnittliche Fläche der menschlichen Haut beträgt 1,73 m² (https://de.wikipedia.org/wiki/Körperoberfläche [gelesen am 30.10.2018]); dementsprechend bildet der Raum die Körperoberfläche von 21,33 Menschen ab.

12 Jürgen Altmann, »Rüstungskontrolle für unbemannte bewaffnete Flugzeuge: ein ethisches Thema«, in: Peter Strutynski (Hrsg.), *Töten per Fernbedienung. Kampfdrohnen im weltweiten Schattenkrieg*, Wien 2013, S. 89.

teilweise *»bewaffnete Konflikte immer mehr in eine Art reales Videospiel verwandeln«*,[13] werden reale Körper, das heißt reale Menschen, per Remote Control (Fernsteuerung) auf digitalem Weg eliminiert; die Auswirkungen des individuellen Handelns werden auf der Seite des Akteurs dadurch im Grunde virtualisiert und verharmlost – im absoluten Gegensatz zu den realen Auswirkungen der getöteten oder verletzten Menschen.

Mit dem Bereich menschlicher Handlungen und gesellschaftlichen Funktionierens in einer zunehmend digital agierenden Welt setzt sich Clement in ihrem Werk mit einem so aktuellen wie bedeutsamen Themenkomplex auseinander, denn einerseits leben und kommunizieren wir in zunehmenden Maße digital, und damit körperlos, können oder müssen uns tagtäglich zigmal mit diversen Codes legitimieren; andererseits wird der menschliche Körper zunehmend observiert und vermessen. Je stärker wir jedoch digital agieren, desto eminenter wird die individual-körperliche Evaluierung. So kann man beispielsweise ohne den Ausweis biometrischer Daten kaum noch reisen, denn die Biometrie entscheidet über Identität. *»Menschen, die sich nicht über ihre biometrischen Merkmale ›ausweisen‹ können, werden stigmatisiert und faktisch ausgebürgert«*, wie jüngst in einem Bericht über ein indisches Erfassungssystem zu lesen war.[14] Wir sind oder werden trotz aller körperlosen Kommunikation also paradoxerweise immer abhängiger vom Körper und seiner Unversehrtheit. Zur Evaluierung identitätsbestätigender Daten werden dazu immer mehr Körperteile oder biometrische Charakteristika herangezogen: vom simplen Fingerabdruck, über die Iris, die Gesichtserkennung, die DNA bis hin zur Stimme.[15]

13 Roman Schmidt-Radefeldt und Christine Meissler, »Einführung«, in: dies. (Hrsg.), *Automatisierung und Digitalisierung des Krieges. Drohnenkrieg und Cyberwar als Herausforderung für Ethik, Völkerrecht und Sicherheitspolitik*, Baden-Baden 2012, S. 14.

14 Adrian Lobe, »Wer keine Biometrie hat, ist kein Bürger«, in: *Süddeutsche Zeitung*, 27.10.2018, www.sueddeutsche.de/digital/biometrie-gesichtserkennung-fingerabdruck-spracherkennung-1.4183394 [gelesen am 31.10.2018].

15 Es werden darüber hinaus zahlreiche weitere biometrische Charakteristika zur Identitätsfeststellung herangezogen, wie etwa der Stil des Ganges, der Körpergeruch, die Ohrform, das Tippverhalten auf Tastaturen etc. Siehe hierzu u.a. Ricky Wichum, *Biometrie. Zur Soziologie der Identifikation*, Paderborn 2017.

Je weiter jedoch die Entwicklung der Überprüfungsstrategien mittels biometrischer Daten geht, desto weiter werden auch wiederum Möglichkeiten geschaffen (Stichwort *deepfakes*), diese Daten zu manipulieren. So ist es beispielsweise heute kein Problem, eine individuelle menschliche Stimme (nahezu) authentisch zu reproduzieren.[16]

Aus der Beschäftigung mit biometrischen Daten ist eine weitere Serie von Clement entwickelt worden, die ebenfalls mit der Strategie einer gewissen Ent-Körperlichung und der Präsenz-Absenz-Paradoxie arbeitet: *heads* (2014/15). Ausgangspunkt zu der Serie war der gescheiterte Versuch, ein biometrisch korrektes Passfoto zu erstellen. »*Da kamen dann Fragen auf wie etwa ›Wann pass' ich in die Normierung, die diese Art von Fotos verlangt und wann nicht?‹, ›Was heißt das eigentlich überhaupt, da reinzupassen?‹, ›Was hat das mit der Gesellschaft zu tun?‹*«[17] Im Zuge dieser inhaltlichen Auseinandersetzung sind Clement die gesichtslosen Schaufensterpuppenköpfe aufgefallen, die sie schließlich mit der Smartphonekamera »porträtiert« hat. Die daraus entstandene 50-teilige Serie wurde von ihr schließlich so eng wie möglich in die einzelnen Rahmen gesetzt. Man könnte Clements *heads* als eine zeitgenössische Neuinterpretation von Gerhard Richters »fotorealistisch« gemalten *48 Portraits* (1971/72) bedeutender Persönlichkeiten des 20. Jahrhunderts lesen.[18] Während Richter ausschließlich Männer porträtiert hat, liefert Clement identitätslose Wesen, bar jeglicher biometrischer Eigenschaften, die auch nur ansatzweise nutzbar sind, um festzustellen, um welche »Persönlichkeiten« es sich hier handelt. Die Schaufensterpuppenköpfe stehen mit ihrer Avatarhaftigkeit und der Absenz meinenden Präsenz für eine gesellschaftliche Entwicklung, die zumindest in Teilen das Körperliche als ureigenste Metapher des Humanen eliminiert. Staatliche oder offizielle Institutionen ziehen zwar noch nach Möglichkeit den menschlichen Körper zur Identitätsfestlegung bzw. -kontrolle heran, aber die Entwicklung zur Entkörperlichung wird dadurch nicht aufzuhalten sein. »*Wohin bewegt sich unsere Gesellschaft, wenn wir nur noch digital sind?*«, ist eine Frage, die Louisa Clement mit einer Serie wie *heads* sich und uns als Betrachtenden stellt.[19] Mit der neuen Virtual-Reality-Arbeit *aporias* (2018) setzt sie sich weiter mit dem Themenkomplex des Körperlichen künstlerisch auseinander. Man darf gespannt sein wie es weiter geht.

16 Vgl. www.ndr.de/fernsehen/sendungen/zapp/medienpolitik/Luegen-und-Videos-Deepfakes-fluten-Netz,deepfakes100.html [gelesen am 1.11.2018].

17 Louisa Clement im Gespräch mit dem Autor, Bonn, 26.10.2018.

18 Gerhard Richter, *48 Portraits*, 1971/72, Öl auf Leinwand, Museum Ludwig, Köln.

19 Louisa Clement im Gespräch mit dem Autor, Bonn, 26.10.2018.

ANDREAS BEITIN

Absence Meaning Presence: On the Paradox of the Corporeal in Art

Closely tied to the corporeal and its elimination is the history of political art. In the early nineteenth century, Francisco de Goya showed, in his print series *The Disasters of War* (1810–14), the inhuman cruelty with which the bodies of political opponents were tortured, mutilated, and finally done away with. A good century later, in 1937, Pablo Picasso created the best-known antiwar painting of the twentieth century in the monumental *Guernica*: his direct reaction to the destruction of the old Basque capital by a German air squadron, in the course of which several hundred people were killed. The painting's continuing validity and timeless resonance in the twenty-first century was apparent in February 2003, when the tapestry copy hanging in the United Nations headquarters in New York was covered up while Colin Powell, US Secretary of State at the time, and Hans Blix, head of the UNMOVIC weapons inspectors, told the international media of their strategies for a possible war against Iraq. It was deemed unfitting that their remarks should be made in front of the antiwar painting, with its shrieking victims, so it—and the victims' mutilated bodies—were summarily hidden beneath a veil of blue fabric bearing the UN symbol. Thus the bodies of the victims of war were done away with (this time indirectly) for a second time.

Particularly after 1950, against the background of World War II, the Cold War, and other military conflicts worldwide, the spectrum of politically motivated art was constantly expanding, with the killed or wounded victims the focus of most portrayals. Susan Sontag observed that the Vietnam War, "the first to be witnessed day after day by television cameras, introduced to the home front new tele-intimacy with death and destruction,"[1] while artists, for instance Martha Rosler from the US, created works that used collage techniques to drag the bodies of Vietnam War victims pictorially right into the middle of the undamaged world of Western consumer-citizens.[2]

"Death is a master from Germany" is a much-quoted thought from Paul Celan's *Todesfuge* (Death Fugue, 1944–45). Also as regards poison gas, this is

1 Susan Sontag, *Regarding the Pain of Others* (New York, 2003), p. 21.

2 Martha Rosler, *House Beautiful: Bringing the War Home*, 1967–72, twenty-part photomontage series.

sadly true. Since the start of the twentieth century, German scientists and German businesses have vied with one another in developing this chemical warfare agent. The chemist Fritz Haber was among those on the German side responsible for poison gas development and for its first use in combat operations. Born in Breslau, Haber joined the staff of the Technische Hochschule Karlsruhe (University of Applied Sciences) in 1894, ultimately becoming professor of physical chemistry and electrochemistry before, in 1911, taking on the directorship of the Kaiser-Wilhelm-Institut für Physikalische Chemie und Elektrochemie in Berlin. There, after the outbreak of World War I, he began to research chlorine gas.[3] And it was in part the introduction of poison gas that made the rapid development of aerial reconnaissance necessary as a response, for only from the air could the network of trenches containing the bulk of the enemy fighting strength be monitored and the positions of artillery batteries and poison gas projectors located.[4] This last aspect in particular made aerial reconnaissance highly necessary during World War I. The first use of poison gas on Germany's western front in 1915 highlighted a fundamental change in the strategy of warfare, which, according to Peter Sloterdijk, *"consisted in targeting no longer the body, but the enemy's environment."*[5] And so the *"discovery of the 'environment' took place in the trenches of World War I. Soldiers on both sides had rendered themselves so inaccessible to the bullets and explosives intended for them that the problem of atmospheric war could not but become pressing."*[6] Although the use of poison gas was outlawed throughout the world in 1925 under the Geneva Protocol, many nations have not been deterred from repeatedly making use of this barbarous weapon. And over the decades, German firms made good money from dealing in death. For example, the

3 A few days after Germany's first use of poison gas, on April 22, 1915, during the Second Battle of Ypres, Haber's wife Clara Immerwahr shot herself with her husband's service revolver. Haber's research provided the foundation for the later development of the poison gas Zyklon B, which during World War II was used in the genocide of the Jews and the murder of other humans. See https://en.wikipedia.org/wiki/Second_Battle_of_Ypres.

4 Ursula Powys-Lybbe, "The Art of Interpreting Aerial Photographs in Wartime," in *The View from Above: 125 Years of Aerial Photography*, exh. cat. The Photographer's Gallery (London, 1983), p. 34.

5 Peter Sloterdijk, *Terror from the Air*, trans. Amy Patton (Los Angeles, 2009), p. 14.

6 Ibid., p. 18.

poison gas Sarin was developed in Germany by I.G. Farben and, just like the mustard gas that Haber had developed, used to kill insects and then, during World War II, also employed as an invisible weapon against humans.[7]

In general, most antiwar art is concerned with criticizing actions and objects, or topics, on a theoretical-visual level, that is, with representing a range of disasters and problems in pictorial form and considering them critically in the process. There are only a few artists who in their artworks or installations make use of the objects and materials of war (and hence death) itself. One unusual exception is Louisa Clement's installation *transformationsschnitt* (Transformative Section, 2015). For this, which in formal terms looks like a hybrid of Minimal and Land Art, she has used the poison gas Sarin, one of the weapons used in Syria by the dictator Assad against his own people—not the gas actually used in that civil war, but some that was first delivered to Syria and subsequently rendered harmless by the UN. Some 600 tons of chemicals that could be used to make poison gas were confiscated from the Assad regime and then rendered harmless aboard the US special-purpose ship *MV Cape Ray*. Finally the deadly makeup of the gas was destroyed in special ovens in Germany at over 1,300 degrees centigrade and melted down into glass. These gleaming brown-black chunks of glass that would otherwise have been used in road-building were discovered by Clement and used for her art. For this installation, which is variable in form, she has hitherto used up to 8 tons of the material, most of it dispassionately set out in abstract geometric arrangements. The lumps of glass, varying greatly in size and many of them bulky, with jagged, broken edges, are almost innocently spread out before the onlooker. One could take them for precious relics of some exotic culture, because of the material's unusual look and because the multitude of pieces lie in no particular conjunction with one another, and so give no clue to the possible purpose of the original solid mass. It is fundamentally a very aesthetic presentation—provided that knowledge

7 The name Sarin was formed from (mostly initial) letters of the surnames of the scientists involved in its discovery and industrial development: Schrader, Ambros, Ritter, and von der Linde (the last being the head of the German military's Gas Protection Laboratory in the Spandau district of Berlin, where further development of the gas was carried out). (https://de.wikipedia.org/wiki/Sarin [accessed October 30,2018])

of the once deadly gases incorporated, like radioactive waste, into molten glass does not resurrect memories of the wealth of horrid images of the victims forever in the media. The massive physical presence of the lumps of glass makes the strongest possible contrast to the obliterated corpses of those who fell victim to the gas. But alongside such political aspects, what **transformationsschnitt** is taking for its theme is also, and above all, the presence and yet simultaneous absence of the physical. This artistic strategy runs through Clement's work like a scarlet thread, and so it is detectable in **fracture** (2014), **heads** (2014–15), and **Avatar** (2016). *"The technology–humanity thematic complex is something I see rather politically; above all I find disembodiment fascinating and suspenseful, and I attack it in my work,"* says Clement.[8] Because of its totality, the absence of bodies (literally meaning the non-presence of human individuals), for example in the photographic series **on one's way** (2013), is very clearly an important theme in Clement's work. In the skillful artistic presentation of this absence can be seen one of her work's great strengths.

The apparent contradiction between presence and absence is also evident at another level in photographs of objects derived from warfare, or at any rate the use of force, as, for instance, in the series **Weapon** (2017). Among these are photographs of weapon cases that in their cropped sectionality appear almost abstract; because of their close-up non-representationalism, their purpose is almost unfathomable. In contrast to Goya's drastic portrayals, showing war's hanged and mutilated victims, today it would be superfluous for art to take up the horror-story documentarism of the press or the Internet-spread flood of atrocity images, or to emulate their stress on savagery. For most people, the real events of war are not imaginable; they are every bit as abstract as Clement's **transformationsschnitt** with its poison gas rendered harmless or the representations of weapon cases. And even today, when the news media ply us so frequently with so many images of death and terror, murder and destruction, the suffering of those directly afflicted still remains every bit as unimaginable. In her work, Clement does not fall for the simple pictorial rhetoric of

8 Louisa Clement in conversation with the author, October 26, 2018.

explicitly representing real facts; she does not work with imagery downloaded from war zones and depictions of the dead and injured. The absence of weapons in the storage modules photographed, along with the absence of the physical contents of the gun cases, nevertheless has a drastic effect, both via the aestheticism of the obscene glossy displays and via the inherent associations of those weapons' potential uses.

Clement's latest installation takes as its theme physicality and its ambivalent existence between presence and absence. In *Schmerzraum* (Space of Distress, 2018), she has created a walk-in environment dimensioned 360 cm high, 450 cm long, and 125 cm wide.[9] The walls of the room are completely covered with a high-tech fabric, a so-called "e-dermis." This fabric, which conducts electrical impulses, was developed by Johns Hopkins University in Baltimore to enable wearers of prostheses to experience once again sensations of touch and pain in their missing extremities.[10] On the one hand, the oblong, corridor-like spatial installation is completely empty; on the other, the person who enters is "surrounded" as though in skin by some twenty-one bodies, assuming that the e-dermis is mimicking human skin.[11] Even though the gray material has a very technical feel, it creates an almost oppressive sensation when imagining the fabric "translated" into human skin and corresponding bodies. The "bodies" (i.e., the material) may be touched, which triggers the transmission of a purely hypothetical electrical stimulus. However, this provides no feedback, and it is irrelevant whether or not the entrant knows that their touch

9 Louisa Clement's *Schmerzraum* is a reference to Joseph Beuys's environment *hinter dem Knochen wird gezählt Schmerzraum* (Behind the Bone Is Counted Space of Distress, 1983, lead sheets on a steel frame, two silver rings, and a lightbulb, 295 × 545 × 735 cm, Caixa Forum, Barcelona), in which the whole room is walled with lead sheets. In Beuys's installation, too, there are (absent) physical components, for one of the silver rings is the size of a child's head and the other the size of an adult's. The former symbolizes life, the latter death, according to Heiner Stachelhaus in *Joseph Beuys* (Munich, 1993), p. 199.

10 In this connection, see "New 'E-Dermis' Brings Sense of Touch, Pain to Prosthetic Hands," news release, John Hopkins University, http://releases.jhu.edu/2018/06/20/e-dermis/ (accessed October 30, 2018)

11 Given the size of the room (with two wall surfaces and one end wall), the surface covered with the e-dermis is about 36.9 m^2. If the area of an average human's skin is 1.73 m^2 (https://en.wikipedia.org/wiki/body surface [accessed October 30, 2018]), then the space equates to the body surface of 21.33 people.

is ineffective, because the artist is primarily concerned with the increasing discrepancy between the actions of real bodies (i.e., individuals) in a real world—whatever is meant by that—and the impact of the actions of actual individuals in a digital, and hence virtual, world. Due to the breakneck pace of development of the digital world, fields of action and areas of operation are constantly expanding, and the boundary between illusion and reality is becoming more and more blurred. Where the elimination of the physical aspect of military operations (mentioned above) is concerned, there is a real-life example in the problem of a *"Playstation mentality in the operating personnel"*[12] controlling combat drones—to some extent *"armed conflicts are increasingly turning into a kind of real video game."*[13] Here, real bodies (i.e., real people) are eliminated via (digital) remote control; for the operator, the effects of individual action are thus virtualized and trivialized—in the starkest contrast to the real effects on real people being killed or injured.

In tackling human interaction and social functioning in an increasingly digital world, Clement's work is addressing a topic as up-to-date as it is important. On the one hand, we live and communicate more and more digitally, ergo incorporeally, and many times a day we can or must legitimize ourselves by means of codes and passwords; on the other, the human body is increasingly being observed and measured. However, the more we act digitally, the more important individual-physical evaluation becomes. So, for example, it is now almost impossible to travel without the validation of biometric data, since biometrics decide identity. *"Those who cannot 'identify' themselves by means of their biometric attributes are stigmatized and effectively expatriated,"* as a recent report on an Indian registration

12 Jürgen Altmann, "Rüstungskontrolle für unbemannte bewaffnete Flugzeuge: ein ethisches Thema," in *Töten per Fernbedienung: Kampfdrohnen im weltweiten Schattenkrieg*, ed. Peter Strutynski (Vienna, 2013), p. 89.

13 Roman Schmidt-Radefeldt and Christine Meissler, "Einführung," in *Automatisierung und Digitalisierung des Krieges: Drohnenkrieg und Cyberwar als Herausforderung für Ethik, Völkerrecht und Sicherheitspolitik*, ed. Roman Schmidt-Radefeldt and Christine Meissler (Baden-Baden, 2012), p. 14.

system notes.[14] So, paradoxically, in spite of all the disembodied communication, we are or will become increasingly dependent on the body and its integrity. In order to evaluate identity-confirming data, more and more parts of the body or biometric characteristics are called upon: ranging from simple fingerprints to irises, facial recognition to DNA and even voice.[15] However, the more verification strategies by means of biometric data are developed, the more opportunities for manipulating this data multiply (catchphrase: deepfakes). So, for example, it is no problem to (almost) authentically reproduce an individual human voice.[16]

Another of Clement's series has sprung from this preoccupation with biometric data and also makes play with the strategy of a certain decorporealization and with the presence/absence paradox: **heads** (2014–15). The starting point was the failed attempt to create a biometrically correct passport photo. *"Then there arose questions like 'When do I fit the standardization that this kind of photo demands, and when don't I?,' 'What does that sort of fitting actually mean?,' and 'What has that got to do with society?'"*[17]

In the course of this clash of meanings, Clement noticed the faceless mannequin heads, which she ultimately "portrayed" with the smartphone camera; she subsequently framed each individual head in the resulting fifty-part series as tightly as possible. One could read these heads as a contemporary reinterpretation of Gerhard Richter's "photorealistically" painted **48 Portraits** (1971–72) of important figures of the twentieth century.[18] Whereas Richter has portrayed only men, Clement provides beings stripped of identity, bereft of any biometric traits, that could even

14 Adrian Lobe, "Wer keine Biometrie hat, ist kein Bürger," **Süddeutsche Zeitung**, October 27, 2018, www.sueddeutsche.de/digital/biometrie-gesichtserkennung-fingerabdruck-spracherkennung-1.4183394 (accessed October 31, 2018).

15 Many other biometric characteristics are also used to establish identity: e.g., gait, body odor, ear shape, typing behavior on keyboards, etc. See, for instance, Ricky Wichum, **Biometrics: On the Sociology of Identification** (Paderborn 2017).

16 See Gudrun Kirfel, "Lügen und Videos: Deepfakes fluten das Netz," NDR.de, April 24, 2018, www.ndr.de/fernsehen/sendungen/zapp/medienpolitik/Luegen-und-Videos-Deepfakes-fluten-Netz,deepfakes100.html (accessed November 1, 2018).

17 Louisa Clement in conversation with the author, Bonn, October 26, 2018.

18 Gerhard Richter, **48 Portraits**, 1971–72, oil on canvas, Museum Ludwig, Cologne.

begin to be used to establish what sort of "personalities" these are. The mannequin heads, with their avatar-like quality and absence meaning presence stand for a social development that at least partly eliminates physical appearance as the most immanent metaphor for what is human. State or official institutions do still call upon the human body to establish and monitor identity whenever possible, but that will not halt the trend toward disembodiment. *"Where will our society be going when we are completely digital?"* In a series like **heads**, this is the question that Louisa Clement asks of us as viewers.[19] With the virtual reality work **aporias** (2018) underway, she will go on delving into the thematic complex of the physical and the artistic. We are all agog!

19 Louisa Clement in conversation with the author, Bonn, October 26, 2018.

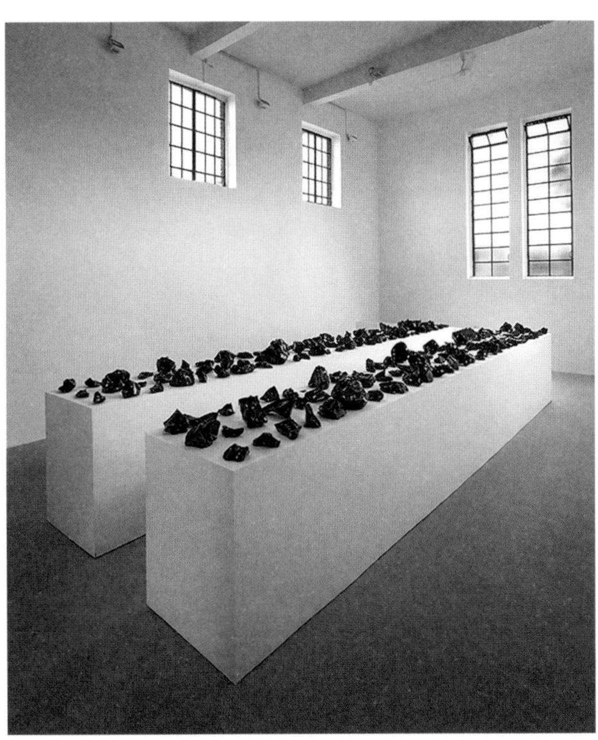

transformationsschnitt
Installationsansicht / Installation view
Fuhrwerkswaage Kunstraum e.V.,
Köln / Cologne, 2015

LOUISA CLEMENT

Geboren 1987 in Bonn / Born 1987 in Bonn
Lebt und arbeitet in Bonn / Lives and works in Bonn

2014	Meisterschülerin von Prof. Andreas Gursky Master student of Prof. Andreas Gursky
2010 — 2015	Studium der freien Kunst, Klasse Prof. Andreas Gursky, Kunstakademie Düsseldorf Study of fine arts, class of Prof. Andreas Gursky, Düsseldorf Art Academy
2007 — 2010	Studium der Malerei und Grafik, Klasse Prof. Leni Hoffmann, Akademie der Bildenden Künste Karlsruhe Study of painting and graphic design, class of Prof. Leni Hoffmann, State Academy of Fine Arts Karlsruhe

EINZELAUSSTELLUNGEN / SOLO EXHIBITIONS

2018 *Language of Realities*, Kunstraum Riehen, Basel
Fractures, Louisa Clement & Studio Miessen, WNTRP, Berlin
Zwischenstände / Interim Results, Konrad Fischer Galerie, Düsseldorf

2017 **Des Tänzers Weg der Seele** / *The Path the Soul of the Dancer Takes*, Wentrup Gallery, Berlin
1917 – In Erinnerungen an Luise Straus-Ernst die Rekonstruktion ihrer Kriegsausstellung im Wallraf – eine Reflexion von Louisa Clement / *In Memoriam Luise Straus-Ernst: The Wallraf's Reconstruction of Her War Exhibition—A Reflection by Louisa Clement*, Wallraf-Richartz Museum & Fondation Corboud, Köln / Cologne

2016 **beyond the yes or no**, Cité internationale des arts, Paris
Focus #2, manifestO, Toulouse
déjà vu, Paul-Clemen-Museum, Bonn
the future looking back, Galerie Martinetz, Köln / Cologne
One step ahead moving backwards, Kunst & Denker Contemporary, Düsseldorf

2015 **Der Versuch die Unendlichkeit zu erfassen, oder die Erfahrung, dass meine Zeichnung begrenzt ist** / *Trying to Comprehend Infinity, or Finding That My Drawing Is Restricted*, Jagla Ausstellungsraum, Köln / Cologne
transformationsschnitt / *Transformative Section*, Kunstraum Fuhrwerkswaage, Köln / Cologne
Pressure to Perform, Tyson Raum, Köln / Cologne

2014 **Louisa Clement**, Rolandstiftung, Köln / Cologne
so hält uns auch im Banne fremdes Sein / *thus foreignness holds us in thrall* (mit / with Anna Vogel und / and Anna Virnich), Schmela Haus, Kunstsammlung Nordrhein-Westfalen, Düsseldorf

2013 *Addicted to question* (mit / *with* Anna Vogel), Monika Pfau Temporary Showroom, Berlin
Vague, Baustelle Schaustelle, Essen
as found, Kunsthistorisches Institut der Universität Bonn, Bonn
Max-Ernst-Stipendium 2013 / Max-Ernst Fellowship, Max Ernst Museum, Brühl

GRUPPENAUSSTELLUNGEN (AUSWAHL) / GROUP EXHIBITIONS (SELECTION)

2019 **The Next Generation. Aktuelle Fotografie made im Rheinland** / *Next Generation: Contemporary Photography Made in the Rhineland*, Museum Morsbroich, Leverkusen

2018 **Like you! Freundschaft digital & analog** / *Like you! Friendship Digital and Analog*, Museum für Kommunikation Frankfurt, Frankfurt am Main
Bernd, Hilla and Others. Photography from Duesseldorf, Huis Marseille, Amsterdam
Jenseits des Sichtbaren. Fotografische Erzählung als Spur / *Beyond the Visible: Photographic Narrative as a Trace*, Museum für Photographie Braunschweig

2017 *scratch the surface*, Aldama Fabre Gallery, Bilbao
Lyric on a Battlefield, Gladstone Gallery, New York
The New Normal, SALT Galata, Istanbul
Sie – Evas Erbinnen / *She—Eve's Heiresses*,
Benrather Schloss, Düsseldorf
New Talents – Junge Kunst aus NRW / *Young Art from North Rhine-Westphalia*, Kunsthaus NRW, Kornelimünster Aachen

2016 *Never Leave Me*, On Stellar Rays, New York
Louisa Clement, Anna Vogel, Moritz Wegwerth,
Galerie Sprüth Magers, Berlin
Flags: The University of Craft Action Thought,
Velika Galleria, Belgrad / Belgrade
Kunstgenerator, Städtische Galerie im Park, Viersen
New Talents – Junge Kunst aus NRW / *Young Art from North Rhine-Westphalia*, Kunsthalle Recklinghausen
5. New Talents Biennale, Bundeskunsthalle Bonn; Museum für angewandte Kunst, Köln / Cologne; Kunsthalle Düsseldorf; sowie im Stadtraum von Bonn, Köln und Düsseldorf / and in the Bonn–Cologne–Düsseldorf conurbation
bite the border, 6. Biennale von Marrakesch / 6th Marrakech Biennale, Riad Denise Masson, Marrakesch / Marrakech
- 1, Tiefkeller, Bonn

Weitere Ausstellungen und Aktivitäten / Further exhibitions and activities:
www.louisa-clement.de

WERKLISTE / LIST OF ILLUSTRATIONS

Cover: *Avatar 32*
2016
Inkjet print
115 × 86 cm

13 *head 2*
2014
Inkjet print
37 × 25 cm

14 *head 3*
2014
Inkjet print
37 × 24 cm

15 *head 1*
2014
Inkjet print
37 × 23 cm

16 *head 15*
2015
Inkjet print
37 × 26 cm

18 *head 17*
2015
Inkjet print
37 × 25 cm

19 *head 25*
2015
Inkjet print
37 × 25 cm

21 *head 37*
2015
Inkjet print
37 × 24 cm

22 *head 33*
2015
Inkjet print
37 × 28 cm

23 *head 47*
2015
Inkjet print
37 × 27 cm

24 *head 55*
2015
Inkjet print
37 × 28 cm

28 *Gliedermensch 13*
2017
Inkjet print
100 × 65 cm

29 *Gliedermensch 14*
2017
Inkjet print
100 × 65 cm

30 *Gliedermensch 3*
2017
Inkjet print
100 × 50 cm

31 *Gliedermensch 6*
2017
Inkjet print
100 × 50 cm

32 *Gliedermensch 27*
2017
Inkjet print
100 × 50 cm

33 *Gliedermensch 28*
2017
Inkjet print
100 × 65 cm

36 *not lost in you 14*
2017
Video loop

37 *not lost in you 4*
2017
Video loop

38 *not lost in you 5*
2017
Video loop

39 *not lost in you 9*
2017
Video loop

40 *not lost in you 1*
2017
Video loop

41 *not lost in you 16*
2017
Video loop

44 *Avatar 32*
2016
Inkjet print
115 × 86 cm

45 *Avatar 29*
2016
Inkjet print
115 × 86 cm

46 *Avatar 9*
2016
Inkjet print
115 × 86 cm

47 *Avatar 7*
2016
Inkjet print
115 × 86 cm

48 *Avatar 12*
2016
Inkjet print
115 × 86 cm

49 *Avatar 14*
2016
Inkjet print
115 × 86 cm

51 *Avatar 18*
2016
Inkjet print
115 × 86 cm

52 *Avatar 24*
2016
Inkjet print
115 × 86 cm

53 *Avatar 33*
2016
Inkjet print
115 × 86 cm

55 *Avatar 26*
2016
Inkjet print
115 × 86 cm

58 *transformationsschnitt*
2015
Installationsansicht /
Installation view
Glas / Glass
Maße variabel /
Dimensions variable

59 *transformationsschnitt*
2015
Detailansicht /
Detail view
Glas / Glass
Maße variabel /
Dimensions variable

63 *Weapon 1*
2017
Inkjet print
150 × 125 cm

65 *Weapon 2*
2017
Inkjet print
120 × 66 cm

66 *Weapon 3*
2017
Inkjet print
70 × 50 cm

69 *Weapon 4*
2017
Inkjet print
60 × 65 cm

72 *disruption 1*
2018
Inkjet print
96 × 82 cm

73 *disruption 3*
2018
Inkjet print
55 × 75 cm

74 *disruption 4*
2018
Inkjet print
180 × 30 cm

75 *disruption 2*
2018
Inkjet print
80 × 60 cm

78 *blue flash*
2018
Acrylglasspiegel, Holzrahmen lackiert / Acrylic glass mirror, varnished wooden frame
80 × 123,5 × 8 cm

79 *cyclam flash gold*
2018
Acrylglasspiegel, Holzrahmen lackiert / Acrylic glass mirror, varnished wooden frame
80 × 123,5 × 8 cm

80 *green flash*
2018
Acrylglasspiegel, Holzrahmen lackiert / Acrylic glass mirror, varnished wooden frame
80 × 123,5 × 8 cm

81 *silver black flash*
2018
Acrylglasspiegel, Holzrahmen lackiert / Acrylic glass mirror, varnished wooden frame
80 × 123,5 × 8 cm

84 *portrait*
Außenansicht / External view
2015
Holz, Plexiglas, Plakatwechsler / Wood, Plexiglas, scrolling poster
gerahmt / framed
250 × 138 × 18 cm

85 *portrait*
Außenansicht / External view
2015
Holz, Plexiglas, Plakatwechsler / Wood, Plexiglas, scrolling poster
gerahmt / framed
250 × 138 × 18 cm

86 *portrait*
Innenansicht / Internal view
2015
Holz, Plexiglas, Plakatwechsler / Wood, Plexiglas, scrolling poster
gerahmt / framed
250 × 138 × 18 cm

87 *portrait*
Innenansicht / Internal view
2015
Holz, Plexiglas, Plakatwechsler / Wood, Plexiglas, scrolling poster
gerahmt / framed
250 × 138 × 18 cm

90 *fracture 12*
2014
Inkjet print
60 × 50 cm

91 *fracture 16*
2014
Inkjet print
54 × 29 cm

92 *fracture 10*
2014
Inkjet print
65 × 35 cm

93 *fracture 8*
2014
Inkjet print
45 × 23 cm

94 *fracture 1*
2014
Inkjet print
45 × 22 cm

95 *fracture 9*
2014
Inkjet print
45 × 37 cm

99 *aporias*
2018
Screenshot

101 *aporias*
2018
Screenshot

131

Abb. 1 / Fig. 1 *head 1*
2014
Inkjet print
37 × 23 cm

Abb. 2 / Fig. 2 *liked*
2013
Inkjet print
100 × 60 cm

Abb. 3 / Fig. 3 *Schmerzraum*
2018
Mixed media

151 *transformationsschnitt*
2015
Installationsansicht / Installation view
Glas / Glass
Maße variabel / Dimensions variable

IMPRESSUM / IMPRINT

Diese Publikation erscheint
anlässlich der Ausstellung /
This book is published in
conjunction with the exhibition

Louisa Clement: Remote Control

Sprengel Museum Hannover
30.1.2019 – 10.6.2019

Ludwig Forum für Internationale Kunst Aachen
27.9.2019 – 26.1.2020

Herausgeber / Editors:
Stefan Gronert, Andreas Beitin (für den Kulturbetrieb der Stadt Aachen)

Projektmanagement / Project management:
Constanze Korb, Hatje Cantz

Lektorat / Copyediting:
Lutz Stirl (Deutsch); Dawn Michelle d'Atri (English)

Übersetzungen / Translations:
John Wheelwright

Grafische Gestaltung und Satz /
Graphic design and typesetting:
Saskia Höfler-Hohengarten, Nora Cristea, preggnant agency

Schrift / Typeface:
Joanna, Joanna Nova

Verlagsherstellung / Production:
Moana Müller, Hatje Cantz

Reproduktionen / Reproductions:
Repromayer GmbH, Reutlingen

Druck und Buchbinderei / Printing and binding:
Graspo, Zlín, Tschechien / Czech Republic

Papier / Paper: Munken Lynx Rough

Erschienen im / Published by
Hatje Cantz Verlag GmbH
Mommsenstraße 27
10629 Berlin
Deutschland / Germany
Tel. +49 30 3464678-00
Fax +49 30 3464678-29
www.hatjecantz.com

Ein Unternehmen der Ganske Verlagsgruppe
A Ganske Publishing Group company

Hatje Cantz books are available internationally at selected bookstores. For more information about our distribution partners, please visit our website at www.hatjecantz.com.

ISBN 978-3-7757-4531-4
Printed in the Czech Republic

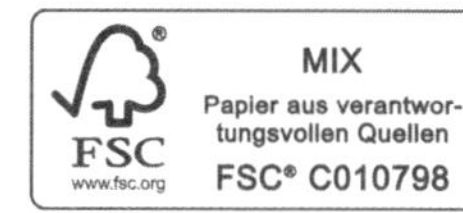

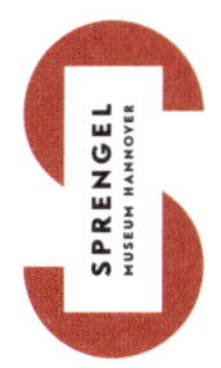

Sprengel Museum Hannover
Kurt-Schwitters-Platz
30169 Hannover
www.sprengel-museum.de

Direktor / Director:
Reinhard Spieler

Kurator / Curator:
Stefan Gronert

Konservatorische Betreuung / Conservation:
Kristina Blaschke-Walther, Pamela Bannehr

Sekretariat / Office:
Sandra Kappelmann

Verwaltung / Administration:
Simon Grabow, Carola Hagenah, Michael Kiewning

Registrar:
Runa König

Aufbau / Installation:
Sebastian Haeske, Sergej Missal

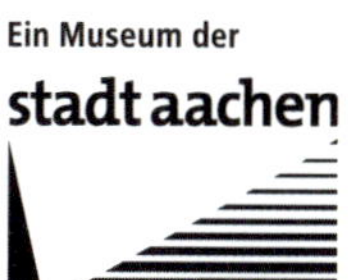

Ein Museum der
stadt aachen

Ludwig Forum für Internationale Kunst Aachen
Jülicher Straße 97–109
52070 Aachen
www.ludwigforum.de

Direktor / Director:
Andreas Beitin

Kuratoren / Curators:
Andreas Beitin, Esther Boehle

Konservatorische Betreuung / Conservation:
Heinz Hanisch, Julia Rief, Christina Sodermanns

Presse / Press:
Jutta Göricke, Julia Zeh, Presseamt Stadt Aachen

Ausstellungsteam / Exhibition team:
Sonja Benzner, Joachim Gabriel, Jaroslaw Gussman,
Nadine Henn, Daniel Hensel, Lara Legeland,
Wolfgang Meehsen, Michael Weihmann,
Werner Wosch, Kulturbetrieb der Stadt Aachen

Unterstützer / Supporters:

Peter und Irene
Ludwig Stiftung

FREUNDE DES LUDWIG FORUMS
FÜR INTERNATIONALE KUNST E.V.